目錄

深山中的一盞明燈

夢參老和尚生於西元一九一五年，中國黑龍江省開通縣人。年少輕狂，個性機靈、特立獨行，年僅十三歲便踏入社會，加入東北講武堂軍校，自此展開浪漫又傳奇的修行生涯。

隨著九一八事變，東北講武堂退至北京，講武堂併入黃埔軍校第八期，但他未去學校，轉而出家。

他之所以發心出家是因為曾在作夢中夢見自己墜入大海，有一位老太太以小船救離困境。這位老太太向他指示兩條路，其中一條路是前往一棟宮殿般的地方，說這是他一生的歸宿。醒後，經過詢問，夢中的宮殿境界就是上房山的下院，遂於一九三一年，前往北京近郊上房山兜率寺，依止修林和尚出家；惟修林和尚的小廟位於海淀藥王廟，就在藥王廟剃度落髮，法名為「覺醒」。但是他認為自己沒有覺也沒有醒，再加上是作夢的因緣出家，便給自己取名為「夢參」。

當時年僅十六歲的夢參法師，得知北京拈花寺將舉辦三壇大戒，遂前往依止全朗和尚受具足戒。受戒後，又因作夢因緣，催促他南下九華山朝山，正適逢六十年舉行一次的開啓地藏菩薩肉身塔法會，當時並不為意，此次的參訪地藏菩薩肉身，卻為他日後平反出獄，全面弘揚《地藏三經》法門，種下深遠的因緣。

在九華山這段期間，他看到慈舟老法師在鼓山開辦法界學苑的招生簡章，遂於一九三二年到鼓山湧泉寺，入法界學苑，依止慈舟老法師學習《華嚴經》與戒律。

鼓山學習《華嚴經》的期間，在慈舟老法師的親自指點下，日夜禮拜〈普賢行願品〉，開啓宿世學習經論的智慧；又在慈老的教導下，年僅二十歲便以代座講課的機緣，逐步成長為獨當一面，口若懸河，暢演《彌陀經》等大小經論的法師。

法界學苑是由虛雲老和尚創辦的，經歷五年時間停辦。學習《華嚴經》圓滿之後，夢參法師又轉往青島湛山寺，向倓虛老法師學習天臺四教。

在青島湛山寺期間，他擔任湛山寺書記，經常銜命負責涉外事務。曾赴廈門迎請弘一老法師赴湛山，講述「隨機羯磨」，並做弘老的外護侍者，護持弘老生活起居半年。弘一老法師除親贈手書的〈淨行品〉，並囑托他弘揚《地藏三經》。

當時中國內憂外患日益加劇，日本關東軍逐步佔領華北地區，在北京期間，以善巧方便智慧，掩護許多國共兩黨的抗日份子幸免於難。一九四〇年，終因遭人檢舉被日軍追捕，遂喬裝雍和宮喇嘛的侍者身份離開北京，轉往上海、香港；並獲得香港方養秋居士的鼎力資助，順利經由印度，前往西藏色拉寺依止夏巴仁波切，學習黃教菩提道修法次第。

在西藏拉薩修學五年，藏傳法名為「滾卻圖登」；由於當時西藏政局產生重大變化，排除漢人、漢僧風潮日起，遂前往青海、西康等地遊歷。一九四九年底，在夏巴仁波切與夢境的催促下離開藏區。

此時中國內戰結束，國民黨退守台灣，中華人民共和國在北京宣布成立。一九五〇年元月，正值青壯年的夢參法師，在四川甘孜時因不願意放棄僧人身份，不願意進藏參與工作，雖經過二年學習依舊不願意還俗，遂被捕入獄；又因在獄中宣傳佛法，被以反革命之名判刑十五年、勞動改造十八年，自此「夢參」的名字隱退了，被獄中各種的代號所替換。

他雖然入獄三十三年，卻也避開了三反五反、文革等動亂，並看盡真實的人性，將深奧佛法與具體的生活智慧結合起來；為日後出獄弘法，形成了一套獨具魅力的弘法語言與修行風格。

時年六十九歲，中央落實宗教政策，於一九八二年平反出獄，自四川返回北京落户，任教於北京中國佛學院；並以講師身份講述〈四分律〉，踏出重新弘法的第一步。夢老希望以未來三十三年的時間，補足這段失落的歲月。

因妙湛等舊友出任廈門南普陀寺方丈，遂於一九八四年受邀恢復閩南佛學院，並擔任教務長一職。一方面培育新一代的僧人，一方面開講《華嚴經》，講至〈離世間品〉便因萬佛城宣化老和尚的邀請前往美國，中止了《華嚴經》的課程。

自此在美國、加拿大、紐西蘭、新加坡、香港、臺灣等地區弘法的夢老，開始弘揚世所罕聞的《地藏三經》：《占察善惡業報經》、《地藏經》、《地藏十輪經》與〈華嚴三品〉，終因契合時機，法緣日益鼎盛。

夢老在海外弘法十五年，廣開皈依、剃度因緣，滿各地三寶弟子的願心。夢老所剃度的弟子，遍及中國大陸、臺灣、香港、加拿大、美國等地區。他並承通願法師之遺願囑託，鼎力協助她的弟子，興建女眾戒律道場；同時，順利恢復雁蕩山能仁寺。

年屆九十，也是落葉歸根的時候了，夢老在五臺山度過九十大壽，並勉力克服身心環境的障礙，在普壽寺開講《大方廣佛華嚴經》（八十華嚴），共五百餘座圓滿，了卻多年來的心願。這其間，又應各地皈依弟子之請求，陸續開講〈大乘起信論〉、《大乘大集地藏十輪經》、《法華經》、《楞嚴經》等大乘經論。

夢老在五台山靜修、說法開示，雖已百歲高齡，除耳疾等色身問題外，依舊聲如洪鐘，法音攝受人心；在這期間，除非身體違和等特殊情形，還是維持長久以來定時定量的個人日課，儼然成為深山中的一盞明燈，常時照耀加被幽冥眾生。

二〇一七年十一月二十七日（農曆丁酉年十月初十申時），圓寂於五台山真容寺，享年一〇三歲。十二月三日午時，在五台山碧山寺塔林化身窯茶毗。

夢參老和尚出家八十七載，一本雲遊僧道風，隨緣度眾，無任何傳法舉措，未興建個人專屬道場。曾親筆書寫「童貞入道、白首窮經」八字，為一生的求法修行，作了平凡的註腳。

公元二〇一八年　方廣編輯部修訂

觀照

夢參老和尚開示錄 第五集

了生死

二〇〇九年　台北蓮華學佛園

佛弟子　都想了生死

各位道友吉祥！今天要跟大家講講什麼呢？了生死。

佛弟子都是想了生死。生死怎麼了？佛跟我們說，無量劫來，我們在六道輪轉經過無量的苦難，我們現在這一生得到人身了，這是極難極難的，也就是說人身難得。得到人身了，你要是輕輕的把它放過去，那你再得人身就不知道什麼時間了。

現在我們生在末法時間。末法時間是說這法將要滅了，所以叫末法。人身難得，我們得到了；佛法難聞，雖然是在末法，我們也聞到了，聞到了不等於你就了了。佛法簡單說，就是覺悟明白的方法；現在我們都沒有覺悟也沒有明白。你要是能覺悟明白，你現在就知道要了生死。

生死、死生，無量劫來輪轉的時間太長了。怎麼樣了法？佛說了很多的經，教導我們了生死的方法，所以說八萬四千法門。你從哪一法門都可能了生死，但是哪一法跟你有緣呢？你讀過佛經，最喜歡的經，那就是你過去學過的。八萬四千法門大體說，你學定學慧或讀誦大乘，乃至最方便的是念佛法門，你從中選擇一門；選擇的時候，你感覺它跟你接近，那是你過去有宿習。

什麼叫宿習？就是你過去生學過，今生你遇到了非常喜歡，一學就進入，那你就依著這法了生死。學定學慧，乃至於讀誦大乘都可以。現在我們講最方便的是念佛，我們的道友念佛的人很多很多，可是口念心不念。或者是念的時候，不是心裏作觀想；要觀，觀就是想。

學八萬四千法門　前提是生死心切

這八萬四千法門，不論你學哪一法門都有個前提，生死心切。我們要了生死，你的生死心不切，不畏生死。古來的人，「每見他人死，我心熱如火」，聽到別人死了，自己感覺很著急。爲什麼？「不是熱他人，看看輪到我」。但是你怎麼樣能夠了生死？不生不死，那才叫了生死。

不生不死，不是說你這個肉體永遠存在，不是這個涵義。那是說你的心，不是你那個肉體。你這個肉體是物質，不是眞常的；但是我們在這個生滅當中有個不生滅的，這個不生滅的是什麼呢？就是我們的心。這個心在《華嚴經》叫法界性，法界性是每一法都有它的體，法法皆通；性只有一個，人人都具足這個法界性，這個性體永遠不生不滅的。換句話說，了生死，就是你要達到不生不滅，不要隨著生滅轉。

每一念 就是一個生死

我們現在一天的起心動念，每一念就是一個生滅，每一念就是一個生死。了生死、了生死，是你心裏頭了了生死。怎麼樣了法？你自己可以測驗，在這個娑婆世界上，所有一切事物，沒有一念你是貪戀的。臨終的時候有兩句話，「心不貪戀，意不顚倒」。「意不顚倒」的涵義非常深，你的心裏頭從來沒有顛倒妄想，能夠制心一處。

制心一處，依著華嚴教義講，就是你的心能夠觀想達到自己的眞心。現在我們用的都是妄識，不是眞心。心徧一切法，也就是我們所說的明心見性。禪宗說明心見性，是不是了了生死？明心見性的時候，他可以再進修；這個修是依眞而修，不是妄。我們現在用的都是妄識，不是眞心。等你能夠認得你的眞心了，了生死了，一切生滅法所不能染，一切垢汙所不能染。

心跟肉體分開　你的生死就漸漸了了

你有沒有驗證這個心？自己可以驗證。現在在這個世間事，無論任何的事情，你沒有貪戀沒有顛倒。我們這個心都在貪戀顛倒當中，明明是假的，你把它當成眞的；明明是生滅的，你把它當成眞實的。等你達到不顛倒了、認到眞實的時候，那就見性了。

禪宗明心見性的時候，就是驗證自己，看你對一切事物還有沒有貪戀心，有沒有想歸爲己有，連你自己的肉體都不認爲是自己的。如果這個心跟你的肉體分開，精神跟物質是兩回事情，你分開了，那你的生死就漸漸了了。爲什麼？被你的身體給栓住了，你的心就不能明白。不能明白就不能了，不能了，生死怎麼了呢？

明心者，你認得一切法，一切法無不是心，在我們迷的時候沒有，心也不是你的心。所以在禪宗，幾十年禪修就是要明白他的心。若依著華嚴境界，無一法不是心，無一法而非心。你證得明白了，法法皆是心。但是你不明白的時候，沒有證得的時候，完全不是的。

怎麼樣理解法法都有自性？這個自性的性本是一也，就是一個性。我們雖然這間屋子幾十個人，心是一個。那個心不是我們的妄想，不是我們的分別，也不是我們的知識，不是學來的，而是人人本具的，也就是佛經上說人人皆具有佛性，都是迷掉了。人人都具有佛性，人人都不認得佛性，等你認得自性，知道你的性體。怎麼樣證明你認得呢？我們說極簡單的話，對這個世界上，沒有一件事物你有貪戀的，不論遇著什麼，沒有貪戀。你沒有貪戀了，你的思想、意識不顚倒。到了「心不貪戀、意不顚倒」的時候，就明白你的心。有貪戀、有顚倒，你明白不了你的心。

舉個淺顯的例子，當我們在病苦當中，醫生要給你開刀，先打麻藥針，把你的神經麻醉了，讓神經跟肉體分開，把你的肉體割開了，你都沒有感覺了。你能不打麻藥針，醫生就來開你的身體？那要你的心跟身體分成兩個才能達到這種境界。

曾經有人問過我，關公刮骨療毒呢？我說他那是忍耐的，不是明心。關聖帝君的瞋心非常重，例如他對劉備很忠誠，這是瞋心很重，好名！那算明心嗎？那不是明，而是忍耐剛強。

當我們能夠把肉體跟心靈分開，不要打麻醉針，你能觀想這肉體不是我，這個心跟肉體不是我。要是在這個時候，你的肉體死亡，你的心也跟著死亡嗎？我們經常說精神不死。精神是不死，可是你掌握不了精神，因爲你被精神支配，不能掌握精神；等你能掌握精神了，把這個精神變化了，這就是佛教所說的，明心見性。光明了還不行，要能夠指揮它，它就能爲我所用；就像佛似的，他能用，能明心見性，能度眾生。

經常說開悟、明心見性，釋迦牟尼佛是夜睹明星，在那裡坐禪，他明了心，就證得果、產生無量妙用。中國的歷代祖師說明心見性了，可是距離成佛還很遠。六祖慧能明白一切諸法，明白到什麼程度呢？明白一切法無我，明白一切法空，不但明白還能轉化，能夠運用它。

這點我們也知道，不過我們的知道是學來的，沒得受用。舉一個例子，佛經上說的「有覺覺痛，無痛痛覺」，你這個覺得痛的這個覺，不痛，感覺痛的，是感覺肉體哪部分痛，但是能感覺的感覺不痛。

這個大家不妨試驗一下子，當你很痛苦的時候，讓精神跟肉體分開，你能夠有一分鐘乃到十分鐘，那就很好了。不要痲醉，那個神經不痲醉，你能作得了主，能夠不感覺痛苦。但是這個最初開始是忍受，有時候你忍受不了，但是你要分開就沒事了。這種是神識跟肉體兩個分開，精神跟物質兩個分開了。我們現在分不開，肉體被我們的精神支配，當你指揮不了的時候，你就知道精神指揮不到物質。

肉體雖然死亡　你的心靈並沒有死

有幾位道友說我今年精神很好，其實去年年底很不好。我曾經有一段時間，心想端一碗水，我的胳臂就擡不起來了。一個胳臂擡不起來，渾身都不能動，腳想動一下，動不了。那時我心裡就想這回完蛋了，要是不死，或者是變成植物人癱瘓了！我是從夜間一點鐘開始，大概經過三個多小時，到四點多鐘才能從床上動起來。在一點鐘的時候我想喝杯水，心裏能動，突然間這個手指揮不了了，你的心不能指揮你的肉體。心臟很靈活的，肉體已經衰歇，不聽你的指揮。假使我們能夠把這種功夫用到了，那肉體的死跟你的精神完全是兩回事。肉體雖然死亡，你的心靈並沒有死。

修道的人就是要修到心靈不死，在佛教講，那叫神通；神通了，可以使心靈指揮肉體不死。

高峰妙禪師　放下貪愛心的公案

在五臺山，過去有位妙高峰禪師，他的壽命已經盡了，鬼要來抓他，黑無常白無常來抓他，可是到五臺山上找不著他。

無常鬼就跟當坊土地說：「妙高峰就住在這裡，怎麼不見了？」

當坊土地說：「他現在入定了。」

大家知道我們修禪定的定是精神跟物質分開，精神完全能指揮物質，讓它死就死，讓它活就活。我剛才說精神能指揮物質，因爲那手突然間就不能動，這是物質；但你的心裏很著急，那你就用功夫，你把它衝動了就能動了，這是心指揮物質。

小鬼問當坊土地，當坊土地說他在，但是他有貪愛，並沒有眞正的完全了生死。他有一個鉢，是皇上賜給他的，他對這個鉢非常貪愛，有貪愛就放不下了，走不了。

這小鬼一敲他的鉢，他就在那坐著沒動，因爲這個鉢連著他的心，你一動他那個鉢，他的心就往那一看，這小鬼一鎖就把他鎖上了。高峰妙禪師一看，自己壽命盡了，無常要來拿他了。

他問小鬼說：「你們是怎麼把我抓住的？」小鬼說：「你是假修行，不是眞修行，還有貪愛，我們一敲你的鉢，你一有貪愛就逮到了。」

這是個公案。我們從自身想一想，如果你在這個世界上什麼罣礙都沒有，誰也逮不到你，那就叫解脫。有一樣貪愛放不下，你解脫不了；換句話說，你走不了。我們所以這痛那痛、這病那病，就是因爲解脫不了。

一切事物是會轉化的

一切事物是會轉化的，不是人家說怎麼樣就怎麼樣，你自己得想辦法轉化。這個肉體跟你的精神（在我們佛教講的是心），怎麼了生死？了生死，了的是心，不是說你的肉體。你能叫它永遠不老？你也不是妖精，肉體就是要老的、要變化的。

但是在這個變化當中你有個不變化的，你的心跟物質是兩回事。學佛人講求的是性。性是主體，來個什麼相就做個什麼相，是隨緣的；性不是隨緣，性體隨緣而變一切相。變人、變個什麼，那叫業性，隨你所作的業，就造成了種種的樣、種種的形相；你把業消失了，變化沒有了。「假使百千劫，所作業不亡」，不管經過多少的時間，你作的業不會消失的。你要是還了，就沒有了。不還永遠跟著你，不論什麼時候遇到，你的業緣遇到了一定得還債。你不作沒有，一作了絕對有。那叫業性，這個性跟你那個體性的性是一個。

「業性本空唯心造」，能造業的是你的心。你要是把你的心轉化了，妄心消失了，業還存在嗎？所以說心也亡了，罪也消了，「心亡罪滅兩俱空」，那你就成了，這才叫眞懺悔，眞正的懺罪是這樣懺的。在《占察善惡業報經》上，地藏菩薩告訴我們依他所做的方法去懺。

用明白的智慧　來指導你的生活

我在這裡補充一下，佛法是什麼涵義？一般初學的不大理解。佛就是覺悟的覺，知覺的覺。我們利用那個佛像幹什麼？那不是佛，那是覺悟的形相而已；那是覺悟的形相，不是眞的。佛就是覺悟，覺悟了就是明白。明白什麼呢?性。性是原來都明白的,像佛性、眾生性、一切性平等平等,只是一個,你要這樣來理解佛。佛就是覺悟,不是形相。法,覺悟明白的方法,你學習一切經論就告訴你,從這個方法上,你能達到覺悟明白。覺悟什麼?覺悟人生,覺悟一切法,覺悟因緣,覺悟因果。等到眞正的實在徹底覺悟了,就叫明心見性。覺悟你自己的性,把你這些妄心都放下,說「狂心頓歇,歇即菩提」,就是這個涵義。

但是你用一個明白的智慧來指導你的生活,來指導你的學習,來指導你的行爲,這就是佛教講的明心見性之後,而後起修,不是盲修瞎煉。

爲什麼明心見性了還要修

爲什麼明心見性了還要修?明心見性只是理上,事上還不行的,還得一行一行的去煉。六祖大師他沒有讀過書,不認得字,他要講經,你得先把經文給他念一念,他就給你講了。你可不會像他那麼會講,因爲你沒有那個明心。在所有佛經上,《華嚴經》講得最清楚,事跟理,事法界、理法界，明心見性是理法界。大菩薩爲什麼要學五明？不學不會，那是事，事跟理不能混淆的。等到文殊、普賢、觀音、地藏，達到理事無礙了，用理來成事，把事都轉變成理，理能容事，事能顯理，在《華嚴經》上叫理事無礙法界。

肉體跟心靈分開了　一身化無量身

剛才講的是從理上來講，我們可以修道，明理了，把我們的肉體跟心靈分開。你能不能用你的理轉化肉體？一般修道的沒有這個力量。如果你讀《地藏經》，地藏菩薩把千百億無量世界的化身都集來，就是他一身，一身化無量身，那就是把理變成事，事又回歸理，這在《華嚴經》上叫理事無礙法界。達到理事無礙了，再進一步，全事是理。那件事本身就都是理，事事都是佛，理變成事，事能變成理，那就是事事無礙。

佛在一切事物上能夠沒有障礙，沒有障礙就是通。我們經常講「神通、神通」，爲什麼「通」要加個「神」？我不曉得道友想過沒有，爲什麼「通」上加個「神」？神通就是你那個智慧的性體，心的慧性是通的，沒有障礙。因爲你的慧性沒有達到那個境界，沒有達到境界就有障礙，什麼時候你修道能達到那個程度，你就了了。

羅漢有隔陰之迷

你要先把生死了了，這是第一步。因爲你活幾十年，最後畢竟還是要死，你不能轉化。爲什麼阿羅漢不敢發大心？因爲羅漢只要一受胎就迷了，這叫隔陰之迷。大菩薩不會。羅漢怕一到人間，一迷了，慧性就失掉了。但是他很快就能恢復，等他什麼時候修煉到不被迷了，不受報了，就可以去行大菩薩道。所以說神通妙用，要是不到究竟的神通妙用，一般那神通妙用是沒有的，等你修到有神通妙用，生死才無所謂。大菩薩來這受生受死像遊戲一樣的，我們不行，因此我們要了生死，了生死是第一步。

我剛才說的再說清楚一點，不然大家會混淆。羅漢、二果聖人，他能夠斷分段生死。他在這個變化當中，變異生死他還沒有進入，所以他會有恐怖，他怕利益眾生。在變異生死的時候，他克服不了怕再墮落。其實不會的，大菩薩就是變異生死，隨什麼事物他可以產生變化，他的生死是變化的，變化就是自在。

現在我們凡夫這個生死是業報生死，我們要了生死，先把這個業報了了，這是障礙重重。因爲一在生死當中，我們就有恐怖，修不成道業。大菩薩無所謂了，大菩薩當遊戲，他度生需要的時候就能夠示現。但是我們凡夫不行，凡夫第一步先得把煩惱斷了。我們現在了生死就是了的分段生死，讓他能夠相續不斷的修。即生成佛，這個不可能。

像《法華經》龍女即身成佛，善財童子也如是。那也是無量生，這是從頓的方面講。佛教爲什麼說小、始、終、頓、圓？這是五教，四教叫藏、通、別、圓，爲什麼他這樣跟你分別？到什麼位置說什麼話。佛教果位很嚴格的，這是從斷惑來分析你所證得的位置。

了了分段生死　你才能夠自在

你得有超越的智慧；你要是沒有超越的智慧，降伏不了的，有超越的智慧才可以。因爲凡夫第一步得先把分段生死了了。所以說了生死、了生死，就是先把分段生死了了。了了分段生死，你才能夠自在；自在了，你才不會受世間的財色名利一切的污染，這就叫解脫。也就是你的心量大了，你看問題，身受有所不同。

如果我們現在鍛煉功夫的話，你對世間相還有沒有貪戀？還有一念貪戀，你就走不了；你的業把你繫縛住了，你想解脫解脫不到。說我什麼貪戀都沒有了，你已經成就了。對這個世間沒有任何貪戀，那你的意就不顚倒，不用生極樂世界，這個世界就是極樂世界。所以說生到什麼地方淨不淨，不是土淨不淨，而是你的心淨不淨。

爲什麼我們還要生極樂世界？因爲那個地區不同，沒有染垢，你到那裡去，業不會增長，只能消失。這個世界不行，他的業會增長。你在這個世界千絲萬縷的連繫，你沒有辦法解脫！所以到那個世界方便一點，這是方便善巧。如果在這個世界上都解脫了，那就不在乎你生什麼地方，也不在乎什麼國土。

萬法唯心！回到原來開始講的時候，我們要想了脫生死，還得從心下手。先斷見思煩惱，見思煩惱斷了，分段生死了了，乃至於菩薩的變化生死，那你還得斷塵沙惑，斷煩惱。佛教講的教義不是籠統的，而是非常詳細的。

例如六祖大師慧能大徹大悟了，他得了根本慧，但是他的方便善巧慧還得學。菩薩度眾生的時候要學五明，要有很多的方便善巧，不是一成不變。就像我們現在的大學分科分得特別多，爲什麼？每一門有每一門的知識，你沒學就不會；等你達到根本智，那你學起來就方便了。說你開悟了，大徹大悟，那你再學佛法，一學就通了。那叫世間相的方便善巧，方便善巧慧又跟你的根本智慧結合起來。

你有根本智　就了生死了

剛才說的了生死，有根本智就了生死。大菩薩行菩薩道的時候，要度眾生，眾生有千千萬萬、種種類類，你度哪一類眾生示現哪一法。我們這裡所說的大菩薩，我們所熟悉的觀音、地藏、文殊、普賢，都有他專門的大智、大慈、大悲、大願。爲什麼要這樣分？他有所偏重，並不是說文殊師利菩薩沒有悲，當然有大悲。那文殊菩薩不能到地獄度眾生去？照樣可以度眾生，可是他有所偏重。懂得這個偏重，就像一個大學老師，別的科他也能懂，但是不是他偏重的。

懂得這個了，學佛也如是。爲什麼現在專講念阿彌陀佛？他是三根普被的。你別的定慧修不成的時候，你念個阿彌陀佛，第一步生到極樂世界，了了生死了，不在這個世界上輪轉，是安定的。這也就是方便善巧的意思。但是我們第一步一定要先把生死了了，先斷你現在的肉身，或者你的貪心特別重，你要斷貪心。說你遇事愛發脾氣，那就鍛煉你的瞋恨心。

我剛才跟大家所舉的例子，關聖帝君的瞋恨心特別重，而且好名節。所以你感覺自己偏重什麼，你就從這一個部分下手。

我們最好先把第一步了了，了了第一步就是了生死，這個了生死是分段生死。因爲它能夠使我們繼續相續，如果你沒有這個本事，沒有這個智慧，頂好先念念阿彌陀佛，不發利益眾生的大願，等我到極樂世界再回來，有那個本事了。

現在聽到很多大菩薩，一發大願要學文殊、普賢。爲什麼？可以滿足他的貪瞋癡。明明是在搞貪，卻說自己是大菩薩，你能相信嗎？你們都不要貪，都給我。這樣子能成嗎？不成。你得先一步一步的斷了。我哪門放不下，就先從哪門入手，把這門修好了，別的漸漸就通了。那麼我們自己選擇不到，歷代祖師給我們選擇的，還是念佛好，穩當。這個是假他力。

我到了美國提倡念《地藏經》，因爲眾生造的業太多了，都是下地獄的業。先念念《地藏經》把地獄災難免了，完了做了人，能做人就繼續修了。所以修地藏法門，你可以不失於人身，地藏菩薩加持你；修念佛法門的，你可以生到極樂世界，不墮落娑婆世界。如果都不適合，可以自己想，你對哪一法門比較接近。或者你愛學經論，就從智慧門入手，那就先學經論。

膽子大一點　願力大一點

你的膽子要放大一點，我就是利益眾生，生死我不怕，讓它轉去吧！轉到哪兒我就是要利益眾生，你就發這個大願。膽子大一點，願力大一點，一切無畏去度眾生，地獄也有眾生，我就下地獄度眾生去了。

像我住監獄的時候，我就想，人生來就是住監獄的，在監獄裏講也一樣。但是你隨遇著什麼因緣，發什麼願。

知識份子要一門深入　在夢中得到本尊加持

我們道友都是知識份子，當然都看過很多經，你看哪一個對你最深入，你自己就深入下去。深入下去就不是淺顯的，這個是沒有自己的。因爲現在沒有這樣的善知識，知道你無量劫的事，跟你一說就開悟。你修一個法門，不論你修哪個，修地藏、修觀音法門，在夢中你會得到你的本尊加持，我想這個大家多少都有一些體會。

所以在你修行學道當中，一定得下苦功夫，悠哉悠哉的是進入不了佛門。這個意思大家懂嗎？不論你學哪一門，必須得鑽進去。你們在大學裏頭，不論你人哪一科，你要想悠哉悠哉的混一張文憑可以，你要想拿到眞技，學到實際本事，完了你才有創造發明，那你得下功夫。

我說這意思，就是你學淨土法門也好，修止觀法門也好，學密宗，隨便你學哪一門，你必須鑽進去再鑽出來，那才能行。你現在不深入，不沉到底，你學不到的，學到的是調皮的。有些是從行入手，有些是從讀誦入手，有些是從參禪靜坐入手，看你喜歡。喜歡就是你多生累劫來的個性，那你學個熟的好、學個生的好？當然你學熟的好，容易進入，生的不容易，就是這個意思。

現在的善知識沒有人可以看到你的無量劫，或者八萬大劫。佛在世的時候，舍利弗、目犍連只能看到八萬劫，八萬劫以前的他就不知道了。我們現在連舍利弗、目犍連這樣的大善知識，證得阿羅漢了，你很難得遇到。有沒有？有，文殊、普賢、觀音、地藏都在世間。但是你自己有沒有這個德？有沒有這功力？你能遇到他遇不到？遇到你也不信。如果你讀〈普賢行願品〉，普賢菩薩告訴你的話，你信嗎？很多的道友們讀經，你讀的〈普門品〉，觀音菩薩就是這樣度眾生的，你信嗎？

先檢驗檢驗你的信心

最後祝福大家，先檢驗檢驗你的信心。我們很多道友盡說大話，但是還沒有信心。是不是我這話過分一點？信心是有標準的，不是隨便說的，你信到什麼程度，自己可以對照一下。說我有信心了，什麼樣標準算有信心？「覺知前念起惡，止其後念不起」。我前念起個不好的念頭，馬上就截斷了，絕不相續，沒有第二念，叫入信位了，這是有信心的菩薩。

有很多人說大話，大話可以說，說「我是菩薩」，「我證入十地」，「我是佛」，也沒有錯，那是本具的！本具都是佛，但不是你的現行，得有作用。遇著煩惱了，遇著病苦，生老病死現前，或者愛別離、怨憎會、五蘊熾盛、求不得，在這些苦難現前的時候，你泰然處之，根本沒有這回事，你入了信位，那不是隨便說的。

當你覺知前念起惡，自己心裏一動念，念頭不對馬上停下來。能信三寶，信的加持力，你已經進入信位。從十信滿心進入初住，這都是華嚴境界。

這是按華嚴境界說的，進入初住的菩薩，能到一百個世界示現成佛，你有這個本事嗎？沒有這個本事，那你沒有進入初住。初住到十住，初行到十行，初迴向到十迴向，一共三十個位置，你自己可以對照一下，你是在什麼位置上。

佛經好像說得很籠統，不是這樣而是非常明白的。從什麼地方定呢？從斷惑。我對什麼都不迷了，對什麼都沒貪戀，你已經生極樂世界，心不貪戀，意不顛倒。但有一念的貪戀，我剛才跟大家講那個老和尚一有貪戀就不行了。但有一貪戀，你走不了。誰繫著你？自己繫縛自己。如果你什麼貪戀也沒有，名與利、是與非也沒有了；特別是是非，沒有對、不對，你的心就沒有是非。自己看見自己的信心到什麼地步，你可以檢查。「覺知前念起惡，止其後念不起」，覺知一念善心所生，讓它不斷的增長。這兩者是相反的，惡你要止住，善要讓增長，這個很清楚。

心不貪戀意不顛倒　才能進入佛門

諸位道友，你想了生死！想求生極樂世界！那你就檢查你的心。如果你的心還生起不好的念頭，還會因爲一點小事生起煩惱，你哪也去不了，頂好在娑婆世界先把業消了。你先鍛煉讓任何事都不煩惱、都不動心，那就心不貪戀，意也不顛倒，你入佛門了，這才叫眞正入門。這不是成就，而是心不貪戀，意不顛倒，這樣你才能夠進入佛門。

善用其心

二〇〇九年 台北國際會議中心

大家都是發大道心的菩薩

諸位菩薩慈悲！諸位道友慈悲！

凡是發心到這個法會的，大家都是菩薩，發菩提心，行菩薩道。

本來在講《占察善惡業報經》的時候，有的道友要求受個三皈，我們今天定的是受三皈的時間。在這兒受三皈道友又要求說沒受三皈之前，給大家講解講解，因此就簡單的談談心，談幾句話，我也滿足大家的要求。沒有想到今天法會這麼殊勝，這麼多道友參加。

現在大家都是佛弟子，對於當前我們生活當中的這個環境、這個形勢，在我們自己所感受到的不是好的，災難頻繁。我們這些佛弟子，求佛菩薩加被，對於一切當前的苦難的眾生，應該怎麼樣作貢獻呢？貢獻的意思，就是我們要替大家受苦受難。我剛才稱大家都是菩薩，菩薩就是大道心眾生，印度話叫「菩提薩埵」，翻我們中國話叫「覺有情」。讓一切受苦受難的眾生，都讓他們得到安樂、得到愉快。

首先我們這些佛弟子，就應該發菩提心使他們免除痛苦，因爲我們都是依著佛的教導，文殊師利菩薩教導我們，在這一切災難面前，在一個痛苦的末法時間，怎麼樣救度他們呢？

文殊師利菩薩在《大方廣佛華嚴經》〈淨行品〉裡頭說：「善用其心」。我今天想給大家講的就是「善用其心」，或者用我們學佛的弟子們都懂得的話，「心生萬法，萬法唯心」。

當前生活的苦難　是自己造業自己受報

我們現在當前生活當中，你所看見的、所聽到的，乃至於所想到的，這個苦難是怎麼來的呢？自作自受，自己造業，自己受報。

當前最大的問題是經濟問題。經濟問題就是自作自受。這個不詳細講，我也不是經濟學家，只是按佛教的因果律來講。一般說：「善有善報，惡有惡報」，沒有報的時候，時候還沒到，哪個地方造業重的，哪個業受報就深。

我們臺灣的諸位道友可以想一下，對比一下，怎麼樣對比呢？想想這個地球上，現在生計困難最大的，不是我們臺灣，其他的地區如歐美、非洲，乃至於澳洲，都比我們亞洲嚴重！在亞洲當中，我們臺灣也不是嚴重的。受經濟的不景氣所衝擊的痛苦，我們佛弟子應該祈禱，求佛菩薩加持，讓他們轉變這種情況，我們應該怎麼樣作？文殊菩薩教授我們，「善用其心」。

因爲災難都是眾生心造的，由於他的心，發之於身口，心裡頭貪、瞋、癡，發之於身的殺、盜、婬，口裡頭的妄言、綺語、兩舌、惡口，十惡業遍佈整個地球。

在這個法會當中，我感覺諸位道友都是善良的，都是發菩薩心的，雖然我們自己沒有身受，看見眾生身受，把眾生的苦當成自己身受的一樣。

善用其心　轉變惡心惡行

因此，我們學習文殊師利菩薩在《大方廣佛華嚴經》〈淨行品〉裡頭，教我們轉變這種惡心、惡行，就要修清淨心，清淨行。教授我們四個字，就包括了〈淨行品〉，也可以說包括一部《大方廣佛華嚴經》。哪四個字呢？「善用其心」。

我們這個心是不停的在起作用，不停的在想，不停的在思惟。你要引導他善用，先從自己轉化，而後轉化你周邊的人；同時把你這個力量放諸四海，讓他產生一定的力度。

在〈淨行品〉當中，智首菩薩問了一百一十種問題，這個就包括了現在眾生所受的厄難，不止經濟，還有殺、盜、婬、妄這些災難，我們應該怎麼樣作才能免除這些災難？在文殊師利菩薩的教授，就是「善用其心」。

日常生活當中　時時念念不離開三寶

怎麼樣善用這方法？就像你在日常生活當中，時時念念不離開三寶，不離開三寶，就是佛、法、僧。假佛、法、僧清淨的力量加持，轉變一切社會現相。

在佛經上講：「心生則種種法生，心滅則種種法滅」，心生諸法產生轉變，如果我們現在這個會中，有兩、三千道友，若你一個人轉化十個人，這十個人再去轉化十個人，那這個力量就大了，這普遍就大了。所以說「諸法由心生，諸法由心滅」。

例如「貪」這個字，「善用其心」，就是要你不貪，如果不貪的話，現在這個世界所有物質，養活這個世界人民，還沒有問題。天上的四時，孕育眾生，地下生長的糧食，孕育眾生，中間被惡人壟斷，所以不能普遍。這邊沒有糧食吃，那邊囤積著無量的糧食。如何理解饑餓的問題？有些災難，好像是天災人禍，其實是人爲的。人不造業，天地災害就沒有。這個地區的人造業很惡劣，天必降災難，我想這個道理，我們佛弟子完全都懂得的。你造什麼業就有什麼報。假使我們能夠讓人人都「善用其心」，不造業了，不造惡業，盡是善業，在你這樣用心，天道好還，善心必有善報。

可惜，現在這個心太少了，若想找，只能在佛弟子當中找。大家不信，你看看你的周圍，看看你住的市鎮，乃至於大點擴到你那個縣，乃至於擴大到整個的臺灣，善用其心的人多了，都能夠用覺悟之心。

前面我稱大家都是菩薩，菩薩是行菩薩道的，行菩薩道把一切幸福布施給人民，一切災難菩薩自己承擔，所以他的心量大，又稱爲大道心眾生。假使我們臺灣人人都能夠這樣，以我們兩千多萬人口轉變世界上幾十億人口，人人都向善，世界災難沒有了。

轉變世界　從我們周邊的人作起

可惜這個作不到。爲什麼？我們連本身的自心、臺灣自身的國土，這裡人民，我們都不能使他人人向善，又怎能夠轉變世界呢？同時我們每位道友想，在你的六親眷屬，你所認識的人，所接觸的人，都讓他們行十善業，能作的到嗎？儘量的從我們周邊的人作起，都使他們「善用其心」。

把我們這個心盡是用在利益別人的身上，這叫行菩薩道。使我們這個心經常想的是別人的幸福。在經典裡這樣的教授很多，我們這些佛弟子都懂得了，「不為自己求安樂，但願眾生得幸福」，這個話我想每位佛道友都會說的。但是這不是一句話，要付諸實施，付諸實施要做實在的事情。

有的道友或者這樣想，我能做的到嗎？讓你把整個的世界都轉化了，是做不到的，你可以從周圍一點點的做，它能普遍的影響。若我們丟個石頭到海裡頭，那個水紋一波一波一波往外轉，越轉越遠，越轉越大，就是這個涵義。你的心能夠經常這樣想，這就叫「善用其心」，就叫菩薩道。乃至於從你自己「善用其心」，直至成佛。

善用其心 包括四無量心、六度、十善業

「善用其心」，若詳細解釋，就包括四無量、慈悲喜捨，再擴大，布施、持戒、忍辱、禪定、智慧六度萬行，你行起來都是你的心，「心生萬

法」。如果我們現在會中的這兩、三千人，沒有貪瞋癡了，我們一個人影響一、二十個人，不要要求太多了，我們這兩、三千人影響多少萬人。如是輾轉相續向外散都用這種心，影響其他的人，那越影響越大。

這是心的力量。之後再發之於身、口，身的殺、盜、婬，口裡頭妄言、綺語、兩舌、惡口，加個「不」字，不妄言、不綺語、不惡口、不兩舌，不起貪、瞋、癡念，不作殺、盜、婬的事，這叫十善。影響所及，我們所有的道友，都能這樣影響臺灣兩千多萬人，兩千多萬就影響大陸十三億人，十三億再擴大一點，可以遍全世界了。全世界人口是很少的，在我們佛經上是講無量億的，這種用心就叫「善用其心」，這是一種。

還要以各種的方式運用，十善業是行菩薩道的根本。你以這個無量的大悲心，無量的大喜，無量的大捨，總結起來就是「善用其心」。

行菩薩道是時時念念　以一切眾生為根本

行菩薩道的道友們，不是說讓自己坐到經堂裡頭，念上幾部經，在禪堂裡打幾次坐，或在那兒修觀想，入入禪定，菩薩不是這樣子的。菩薩是時時念念，以一切眾生爲根本，行菩薩道沒有自己，念念不離開眾生。

諸位道友在佛堂念經的時候，以你的觀想力能不能觀想周邊的人，觀想我所居住的村、鎮、縣，乃至擴大到這一個省，看你的心力能達到好大，你能用到好大，把你的心擴張到好大。你把這個心力擴張到全世界，從這個世界再影響到無邊無量的世界，信嗎？有事實。

爲什麼大家都讀《阿彌陀經》，都念阿彌陀佛？阿彌陀佛離我們這個世界很遠，從娑婆世界到極樂世界，中間隔著無量世界，每個世界都有無量眾生，娑婆世界、極樂世界，都影響到我們。從這個意義上講，只要諸位道友發心，你發願是懇切的，心眞願切就會變成事實。因爲我們的心有很多的惑，對於甚深的道理，你還不能信的進去。

我常問很多道友，我說你是未來諸佛、你是未來的佛！他瞪眼睛反對我，他說我胡說、挖苦他。我明明是讚歎他，眞心是這樣的事情，乃至於我們講《占察善惡業報經》，人家認爲善惡業報是小乘，現在我們講到地藏菩薩的《占察善惡業報經》下半部，大家聽聽吧！那叫心地法門。心地法門就是你的心，你能善用，善用就是會用，你把它用的大一點，擴散一點，時時念念的，想到眾生得安樂，沒有想到自己。什麼叫菩薩？大道心眾生。

善用其心　會得到神通

當你善用其心，把心這樣用的時候，你會得到神通。我想諸位道友都想得神通，什麼叫神？就是心。每位道友具足的心，心量大的很，可惜我們沒有用上都迷掉了。神就是心，通就是性，神名天心，就是你原來本具的自然的心。通名慧性，通就是自然的心生長無量智慧，慧能解決一切，就叫神通。就是你本具的眞心慧性，這叫心性，心性就是神通。

我們現在修行不夠，心的力量不夠大，你就精進的修。說我想救救這個世界，六、七十億人口，讓他們都得到快樂！你天天念經，坐在那兒參禪，你都這樣想，你想的是他人、一切眾生，這種意義都是華嚴義，不是自己想得一個什麼定、想得個什麼慧、想成就個什麼，不是的。這是什麼呢？讓一切眾生都得到成就，沒有自己。所以菩薩的大道心就是這樣子，我們從現在開始起，這是最高境界了，現在我們開始的時候，就是你「善用其心」。

再說局限一點，當你做什麼事，把這個事情做好，完了把這個事情做好的功德，自己不貪戀、不執著，迴向給眾生，讓他們得幸福。當然，讓我們這個心，要求一下子達到了，給全人類、全眾生類，這還達不到，先從你周圍的六親眷屬做起。

當他們遇到有災難了，你發願，願意替他代受，你沒有這個力量，那就念《地藏經》，讓《地藏經》加被你這個力量；念普賢菩薩，讓普賢菩薩加被你這個力量，念〈普門品〉，隨便你念哪一部經，但是得念的眞。我說你念的眞，大家可能有疑惑，不是照那個文字上念一念啊！你得加意，口裡念、心裡要想，不要念望天的經，這邊念著都念熟了，天天的念都會背了，那心不在焉的，這邊還跟我們說話做別的事、心裡想別的，口裡還在念經，這個效果不大。

念經　心裡要被經所化

不論念哪一部經，你的心會被經所化！我說「善用其心」，就是你的心跟你所念的經，念觀世音菩薩〈普門品〉，跟觀世音菩薩的心一樣；念《地藏經》，跟《地藏經》一樣。當你的心眞正的念進去了，你會在夢中現一切境界相，但是不能對人家說，只能自知，不能對人家講；無論你求哪一部經，得到加持了，不能向外宣傳，這不是宣傳品，是讓你自受。

因爲你不知道對方的力量，也不知道對方的善業、善根，恐怕說出去影響，影響人家不信，或者人家說你妖言惑眾，你頂好在內心裡頭蘊釀、使它擴散、擴大。當你念一部經，念到時間很久了，你眞心的念，心跟經成爲一體了，效果產生了，自己沒求了生死，生死自然了了；沒求免災害，災害自然免除了。

深度的善用其心　是身心分離

「善用其心」達到深處，現在我們大家運用一下，怎麼運用呢？把你的心跟你的身體二者分開，心不是身體，身體也不是心。這個觀念我們非常嚴重，把身跟心合成一個，就是凡夫了。如果能把你的心跟肉體分開，你漸入聖境，初用的時候一年、兩年，效果不大，你用上十年、八年，用上三十年、五十年，效果就產生了。

如《楞嚴經》上說的，「有覺覺痛，無痛痛覺」，就告訴我們，你有個知覺，感覺哪不舒服，受傷了，但是那痛痛不到你那個知上，痛不到那個覺上，覺得痛是肉體，那個覺不痛的。如果每位道友，你把這個功夫多用一用，當你病苦也好，哪個肢節發生問題也好，最初是當然效果不大的，等你功夫用久了，效果產生了，痛的不是你，不是你的心，而是肉體。你覺得痛，能覺得痛的這個覺，不痛，如果你把心用到這個樣子，真正達到「善用其心」。試試，能做到不？

經常在社會上聽到說，「精神變物質，物質也能夠變精神」，一般講的，物質跟精神看起來沒有關係。

我有個親戚，他是搞貿易的，有一次從法國運到中國的船貨，他的心全都貫注這船貨上，那是他全部的財產，這個貨物和他的心沒有關係，跟他身體也沒有關係。這個貨物往中國運的時候，突然間船沉了，所有貨物全部完了。當這個電報一打給他，他一拿到電報，那時他才四十多歲，也不是很老的，一看電報他就死了，什麼病也沒有。

類似這類事情在歷史上很多，這就是不會「善用其心」。把心跟物質連在一起，我們這個身體是物質的，心不是物質，人死了肉體消滅了，精神、心並沒有死。他若轉世了，要看他的善業重或惡業重，看他轉到什麼，那不一樣的。這就是「物質變精神，精神變物質」，他會相互變化的。我說這個題目「善用其心」，就是說我們平常修行的時候，不論你用哪一法門，當你用功力的時候，應當學會「善用其心」。文殊菩薩教授我們的時候，他就用「善用其心」這四個字告訴我們。

依次第修學華嚴　不能越位

如果大家看文殊師利菩薩教授我們的，如何使我們所行的都是清淨的？清淨就是〈淨行品〉，〈淨行品〉是由心來的，所以你「善用其心」，把你的行全部變成清淨的，你口裡所說的是清淨的、身體所行的是清淨的、心裡所想的是清淨的。

從這個清淨，你再進一步修〈梵行品〉，《華嚴經》是有次第的，那個次第非常的嚴謹。如果你〈淨行品〉沒有成就，想越位去修〈梵行品〉，你得不到，這跟其它的教義是有所區別的。

善用其心會運用了　你成佛了

但是你若得到一個，一門入了，一即一切，說一成一切成。如果「善用其心」你會用了，成佛了。佛的心是如何，你可以照著教義上去判斷，是覺的，無有不知的，無有不曉的，無有災難不能免除的；但是得有緣。

佛說「無緣難度」，沒有緣的結不上，結不上。

無緣難度　先皈依三寶

根據這個道理，每位道友若想跟諸佛菩薩結緣的話，你得先皈依三寶，這個是一個根本。你沒有受三皈，自己看佛經怎麼樣學，雖然學的很好，你不算佛門弟子。佛門弟子最起碼的、最開始的，你得先「皈依佛、皈依法、皈依僧」。一般的就是事相三寶，就是我們看見的佛相、經書、僧人，這叫世間的三寶。

但是你觀想的時候，可不是世間三寶，離開世間三寶，乃至於從次第、行願當中，到究竟了，三寶是一體的。一切眾生皆是佛，一切法都是心，佛跟法和合就是三寶，就是一心三寶。我們這裡所傳的三寶，叫事相三寶。從你世間三寶，悟到一心三寶，悟到清淨三寶，三寶就是一心。

等會兒我們有些道友要受三皈，就是皈依佛法僧三寶，之後你學「善用其心」，把你的心用到跟佛一樣，這就是佛寶。你的心跟佛所說的教法，跟法一樣，就是法寶。

善用其心　自身即是具足三寶

「心即是法，法即是心」，一切法皆是心，心跟法和合的，寄託在僧人身上，就是僧寶。還有你自己的自性本來具足三寶，你的本體的體性，就是佛寶；你所有的知識應用，就是法寶；你身體的形相就是僧寶。但是我們受的呢？是依他受，依師而傳，受的事相三寶。根據你受三皈的戒經，皈依佛、皈依法的戒本，那就是法寶。完了師父傳，那就是僧寶。依著事體的三寶，你能夠「善用其心」，把它變爲自體三寶，三寶即是自身，自身即是具足三寶，這個就比較深入一點。

念任何經　開始都是要皈依三寶

不論念任何經，開始都是要皈依三寶，那就說明了我們皈依三寶不是一次、兩次、無量次，時時念念皈依三寶，這個是不具足功德相、不具足利益相，又把你自己所受的、所得到的，把它布施出來，布施給誰呢？布施給沒有受三皈的眾生，讓他們都能得到三寶的加持，都能夠皈依三寶，這就是「善用其心」，這又是一種「善用其心」的作法。

「善用其心」的方法包括無量無邊，看你怎麼想。我經常問我們作貿易的弟子，我說你假三寶加持，你作貿易一定有收穫，得到利益，得到了作什麼？正確的答覆，第一個念頭供養三寶，大的供養沒有，起碼你要燒上幾杜香，磕上幾個頭，或者初一、十五，你吃飯的時候，想到佛菩薩，先供養佛而後再自己用，這就叫「善用其心」。

「善用其心」的範圍，非常廣闊。你的一舉一念，你都把它運用了，可以得到龍天擁護、三寶加持，你自然吉祥。我每逢哪個地區的災難，或者有些災害、戰爭，那個地區有我的道友，有我皈依弟子，我一定打電話問問他，我說：「我們三寶弟子受害的多不多？你去考察一下！」爲什麼我要去了解這些？我也想證明一下，三寶加持力究竟有多大，但是這個是雙方的，不是單方的。「天宇雖寬，不潤無根之草」，沒有根的他加持不到。這個地方惡人很多、惡業很重，那個地方就降雨量很少，這是事實，大家可以去調查研究。

現在這個社會上災難頻繁，不論哪個國家都出現異常，異常者就是跟平常不一樣就叫災難。有的地方根本沒有佛弟子，沒有三寶。全球各地災難頻繁的地區，三寶弟子受害的比較少。但是你受了三寶皈依之後，若是眞正的去作、去行，那個加持力就不是你平安的問題，是你成道的問題了。「善用其心」這句話，若分別開來分析，太多了、太多了，任何事物都包括了。

讓一切眾生怎麼樣幸福 是眞正善用其心

再重複一下，最大的「善用其心」是什麼？怎麼用才算是「善用其心」？你想到的盡是別人的幸福，你的心念就是讓一切眾生幸福。這個地方很窮苦、很貧乏，災難很多，我怎麼樣讓一切眾生都能幸福，沒有災難，也就是沒有想到自己，這樣是眞正叫「善用其心」。

我們在座都是佛弟子，都應當想到一切眾生的痛苦，不要爲自己求安樂，你念經也好、無論幹什麼事都好，想到一切眾生的痛苦，想到眾生的災難，這就是「善用其心」。

今天供養大家的、貢獻給大家的，就是希望諸位道友，都能夠「善用其心」。

覺之教育

二〇〇九年 台北華梵大學

佛說法的精神 就是覺的開始

釋迦牟尼佛在證入菩提道之後，他要把所證得的法傳播給眾生，但是觀察當時的眾生，感覺沒法傳播。因爲他所覺悟的法甚深廣大，難知難見。觀察這些眾生沒辦法教育，也就是說，法很難認識。我們談覺悟的教育，這是極其偉大的事業，是釋迦牟尼無量劫修來的大慈大悲的行爲，但是要把大慈大悲的意念傳播給一切眾生，是非常困難的。

當時釋迦牟尼觀察，一切眾生的貪瞋癡習氣非常嚴重，不是一生、兩生，而是無量劫來的，要轉變他的習性很難，所以觀察之後，釋迦牟尼佛總結四點來教化一切眾生，讓他們也都能夠覺悟。

第一個，要想覺悟得靠自己的努力。如果自己不努力的話，你的覺悟達不到，一般的努力是不行的，得特別的精進才能夠達成覺悟。在當時說法觀察眾生之後，總結說了四聖諦法，苦集滅道。

苦就有苦諦，諦是道理，是理，苦是現相。爲什麼苦？造業才苦。集呢？是招感的意思，不是一苦二苦，而是招感了無量的苦。我們每個人身口意說話，身體的行動，思想的思惟，這個總合體就是你作了很多的語言行爲，一般的講就是十業。身，殺、盜、淫。口，妄言、綺語、兩舌、惡口。意念呢？貪、瞋、癡。

佛在說法的時候，說的是苦、集、滅、道。最初時候叫四聖諦法。佛說法的精神，就是覺的開始。要使一切眾生都能覺悟，得斷苦、集、滅、道。加個「諦」字，「諦」是理。苦的理是什麼？集的理是什麼？滅的理是什麼？道的理是什麼？所以加個苦、集、滅、道，四聖諦，「諦」就是理。這是最初說法的起因。

在釋迦牟尼說法的時候，距離現在的時間兩千五百多年了。大家都知道，釋迦牟尼是在印度說法給眾生的，從那以後，法又傳到所有的人類，我們這就領受了，也能接受他的事業。他的事業是什麼？就是我們剛才所提的覺悟之法。

覺是明白。人人都是明白的，人人本具佛性，本具覺。因爲本具覺你迷失掉了，身口意三業所造的業，把本來的覺悟失掉了，迷失掉了成了不覺，從不覺開始聞佛法，這叫始覺。經過始覺了，開始明白要離一切苦，離苦你就不要作因，苦是果。

集呢？是招感，集是因。你翻過來就是修道，修道即是滅苦，這是兩種因果。苦集呢？是世間的因果。滅道呢？是出世間的因果。用出世間因果，消滅離世間的因果。這就是知苦斷集，慕滅修道。

舉個大家最容易犯的例子。在語言上，說沒有意義的話，這叫綺語。一邊聊天，說一點道理都沒有的話，叫綺語。挑撥是非，當張三說李四，當李四說張三，盡說別人短處，這叫兩舌。但是口出惡言，說話是帶不乾不淨的髒語、罵人的話，這是惡口。說話沒有眞實的，盡是虛假的，叫妄言。口裡所說的妄言、綺語、兩舌、惡口，四種惡業。身所作的是殺、盜、淫。在小乘教義裡，要做成事實了才犯了罪。

佛法傳入中國是大乘教義，大乘教義就深了，不等你造成事實，當你起心動念就犯了，因爲萬法由心生。菩薩戒教育我們，當一起心動念的時候就犯了戒了。因此我們的身口意三行，一定要符合佛的教導，能夠符合教導就是覺的開始。身上不作殺盜淫，殺盜淫一點也沒有，妄言、綺語、兩舌、惡口沒有，意不散亂、心不顚倒，思想上不起貪瞋癡。這十個轉變了，加個「不」字，就叫十善業。這十善業是一切業的根本。要想覺，得達到這十種業都是清淨的。清淨的十善業，這就開始明白了。

三藏十二部　就是一個「覺」字

校長給我出這個題「覺之教育」太大太廣了。佛的三藏十二部就是一個字「覺」。佛所說的八萬四千法門，一個字「覺」，他的反面就是「不覺」。佛是究竟成就了，我們現在能夠初步聞佛法，從不覺當中開始覺悟，叫始覺。開始覺悟了，從這覺悟再進一步深入的學佛法，像我學了八十年才開始明白，這叫始覺。

始覺是從不覺來的！就像我們讀書，從小學升到大學，不覺的時候沒有文化，從小學開始覺悟。當你一直讀到大學的時候，相似覺，好像是明白了，實際上還是不行，相似覺不是眞實的。從相似覺到分證覺，開始相似了明白了，明白什麼呢？明白生死是怎麼回事，從迷中開始覺悟相似。你相似，再進行修，修到分證覺，不能輕忽，一點 點、一分一分的明白，從分證覺達到究竟覺。

一念不覺生三細

這是簡略的說這個覺，在一切經論上講，這個層次很多。因爲我們最初開始的時候，迷的時候，一念不覺又產生三種，一念不覺生三細。三細就是業相、轉相、現相，要達到業轉現三相到什麼地步？能夠斷現相的時候，是八地菩薩。斷轉相的時候，是九地菩薩。斷業相的時候，是十地菩薩。文殊、普賢、觀音、彌勒都是十地以上的菩薩。七地以下的菩薩，就是智相、相續相、執取相、計名字相、起業相、業繫苦相。

像我們現在的地位都被業繫住了，你的業解脫不了，解脫不了你不覺，沒得智慧，就是什麼都不明白。覺悟是明白的意思，你不覺是不明白，但是你從不覺當中，開始學佛的教導。這個題目「覺之教育」，「育」是育植，培育的意思。「教」是語言，有些是言教，有些是身教。當佛的弟子分成四眾，比丘、比丘尼、優婆塞、優婆夷。出家的二眾，比丘、比丘尼。在家信佛的優婆塞、優婆夷。男子的優婆塞，女子優婆夷，也就是善信男、善信女。

覺就是佛　覺是教育　也就是覺的方法

在四眾弟子當中，剛開始覺悟，就是剛接近佛法。覺就是佛，覺是教育，也就是覺的方法。讓你依這個方法去修練，再逐步的開始進步了。最初開始的時候，你知道爲什麼要受苦，是招感來的，是集來的，把種種的業集到一起受報。

集是因，因爲你造了種種的業才受現在的苦報。世間因果，因爲你造業了就受報，因爲你招集了很多錯誤的事情，所以你受苦，這個苦可多了，我大致提幾個。

生老病死，人人想起來痛苦，生下來就忘記了；但是生老，老的苦多了，大家看看老年人，這不用解釋大家都明白。害病，任何人都要害病，沒有沒病的人，釋迦牟尼佛也示現病，害病就苦了。死，大家怕死，一切動物生有情的東西都怕死，必然是死，每位道友都會經過的。

愛別離，你最親愛的人非分開不可。舉個例子，台灣道友的小孩子送到美國讀書，親人離開了，這不是離別嗎？這個離別還可以相會。死了呢？那也別，叫永別了！這種悲傷痛苦，生離死別，這個痛苦大家一般的都得經過。愛你的必須要離開，冤家離不開，怨憎會苦！怨者一聚頭，我恨你、你恨我。還有一個求不得，人人都聚，你想求的達不到。當我們出家，世間一切享受全捨掉了，爲什麼？爲了求成道求成佛，求不得求不到，多苦啊！這是求不得苦。

還有，大家平常不大知道的五蘊之身，我們肉體的結合是色受想行識五種結合在一起。每一種偏大就苦了！我們的肉體是地水火風，叫四大組合。皮骨筋肉是屬於地，痰唾便溺是屬於水，這屬於空，沒有空間就活不了。根，就是眼耳鼻舌身意的六根。加上外頭的色聲香味觸法六塵，這是個總體。要是不調合了，水大多了，你得種種病。火大多了，發燒，發高燒。地大多了，長瘡、骨質增生。哪一大不調合，就會產生很嚴重的病。

有八樣苦逼迫你，叫八苦交煎。除了五蘊之身的苦之外，苦的事情很多，交往不順心，你就苦了。做貿易失敗，沒發財還賠本，你也苦了。你在工作人員上下關係不好，你也苦了，這一生苦的事情太多了。

怎麼樣斷除八苦

怎麼樣斷除它？認識它？苦的性是假的，苦不是眞實的，我前面講一切法全是假的，沒有眞實的。但是我們不認識它，被它所迷了，假使你認識它，它迷不到你，你就不苦了，一切苦都斷決了。苦是沒有體性的，不是眞實的東西，可變化的、可消滅掉的。

教育就是覺的教育。問題是你不認識它，而且被它所轉，你給苦難當奴隸，苦難是主人，你能不苦嗎？你怎麼樣才斷苦？知苦斷集，慕滅修道。你知道苦是怎麼來的，自己招感，那你怪誰！只能怪你自己。人說自作業不可活，你自己造業把你自己處死，活不了了。

我們覺，明白了認識它，不受它的傷害，我們的心跟我們的身體是兩個東西，如果當成一個東西，佛教導我們，「有覺覺痛」，你有個知覺感覺，感覺痛，這個痛啊！痛不到覺，「無痛痛覺」，你感覺著痛，能感覺痛的這個感覺，不痛。

當我們到醫院看病，他要給你開刀動大手術，先給你打麻藥針，等到開刀你沒有感覺了，假使不打麻藥針，你自己把精神跟物質分開，神經系統跟肉體分開，這是修道人所必須的，覺悟了明白了，肉體是假的，不是我，肉體不是我。

我在哪裡？

信嗎？講個故事。以前潼關有兩位老和尚修道，在山上住了好幾十年！有一位老道友，修行了一點也沒明白，下山參學參學去吧！向別的善知識求！他這個道友，說你的功夫已經差不多了，你不要走。

我講故事，大家別做故事聽啊！做什聽呢？「覺」，我說這是覺。

這位老和尚一下山，走到陝西潼關鄉間住個店，走得很累了，就盤腿兒，用功夫就修禪定。這一修禪定就入了定了，店主看這位和尚今天也不動，明天也不動，三天都不動，一聞他鼻子沒氣了，認爲他死了，就給火化了，燒了。這一燒了麻煩來了，他的神識回來找不他的肉體了，他就說：「我在哪裡？我在哪裡？」這間店裡就鬧鬼了，鬧鬼了誰還敢來住。

這個消息傳到山上他的那個道友，「哎呀！我這個道友遇難，遇到劫難。」那位老和尚就下山順著他走的道路走，找到這間店，這間店現在也沒有什麼客人，他就問這店主人：「你這間店爲什麼沒有客人哪？」他說：「我這店裡鬧鬼。你怕不怕鬼！」他說：「我是來降伏鬼的，我替你降伏那個鬼。」店主人聽了很高興，因為鬼被降伏了，這店裡就會很好了。但是有個條件，什麼條件呢？「你給我準備一大缸水，再堆一個木材，晚上你給我點著。」

到夜間那鬼又來了。問：「我在哪裡？我在哪裡？」他這個老道友說：「在水缸裡。」到水裡找這水，「沒有啊！」「到那火裡！」他就到那火裡去找，「沒有啊！哪有。」他說：「你入火不焚，到火裡火燒不到你，入水不淹，到水裡淹不死你。你要『我』做什麼呢？」「哈！」他開悟了。

明白了就是覺　我們就是欠一個覺

開了悟就是明白了，明白了就是覺，我們就是欠一個覺。我剛才講的業轉現三相，智相、相續相、執取相、起業相、計名字相、業繫苦相。這一執著越執著越粗，什麼都計較，那就好了，你就受苦吧！身體不是我，把他當成我，如果你今天的物質分開，那個肉體所感覺的跟你的精神沒有關係，但是你若覺悟了，什麼都沒有了。迷了，「迷時明明有六趣」，天、人、地獄、餓鬼、畜生、阿修羅，六道輪迴一樣也不少，迷了。

悟了呢？「覺後空空無大千」。等你覺悟之後，大千世界全都沒有，全是假的，沒有一樣是眞實的。就是一個「覺」字，三藏十二大部經論，全是一個「覺」和「不覺」。「覺」字的範圍非常廣，釋迦牟尼佛所有的教育就是一個字，「覺」。

我們現在都是「不覺」這個位置，從「不覺」開始明白了，明白了一切諸法無常的、空的、假的，肉體是假的、還是會死亡的。但是我的死亡當中，有個不死亡的認得到嗎？有人要是能把這不死亡的認到，成就了，究竟的明白了，是死亡，究竟覺，但三賢十地的菩薩叫分證。三賢位的菩薩叫相似覺。十地的一地一地，到十地，叫分證覺。開始覺，我們也開始明白了，明白什麼呢？明白了生死是假的，沒有生死，怎麼樣能做的到呢？覺的教育。

覺的教育　是從你開始信

覺的教育是從你開始信。相信什麼？佛教育我們，一切法是不生不滅的，生滅是假的，那還有一個眞的，眞的是什麼呢？不生不滅。但是你要是認識眞的了，你開始明白了，明白了不行，還必須證得。證得了就不是一天兩天了，明白了就必須學習。從文字上明白，還得眞實體會到。把它能用到一切的生活，用到你的學習，學習到眞正明白了。

一切發展事物的起源　就是心

一切發展事物的起源就是心。什麼覺呢？是心覺。當隨緣迷了，是眾生。但是我們的心跟諸佛菩薩的心，跟文殊師利菩薩、普賢菩薩、地藏菩薩、觀世音菩薩，我們跟他的心是一個、沒有二個。

他們是明白了，我們現在還沒有明白，沒明白我們知道，知道這個明白的道路怎麼走。那就從這開始吧！學佛所教導的，怎麼走啊？第一個，認識我們肉體是假的，肉體把你牽繫住。知道肉體是假的，為什麼還貪戀犯很多的錯誤。求享受、求安逸，越安逸越不安逸，我們要想明白，明心見性，這個話不是空話。達到明心見性的時候，不是一百年、二百年，而是多生累劫，要想明白，開始得相信，連個信都不信你怎麼明白，相信一個明白你就不明白了。我們現在是不明白，就是能達到相信這個明白不明白，你得多少世的關係才能相信。

出家八十年　信還沒成就

我從出家到現在八十年了，出家八十年，現在我的信還沒有成就。「唉！你出家八十年了，當了這麼多年的和尚，還給人家講經，你還沒相信哪？」沒有。

怎麼講呢？大家諸位都是信佛的道友。沒入位，你的信還沒有成就，這才是開始，開始覺了，這個覺沒有入位啊！開始而已，有沒有標準呢？每一位都有標準，什麼樣是信心具足了？這有標準的，當你思想一不對，

「覺知前念起惡，止其後念不起。」入了信位了，知覺念頭不對馬上就止住，當念頭一發現，這些念頭不對、馬上止住，不讓它相續。覺知前念起惡，止其後念不起者，這是信成就。

我們做得到嗎？信成就了，十信滿了，到了什麼位置？到了初步的住在覺上，覺知路，講覺的路線，初住菩薩住在覺悟上，跟佛相似了，相似佛。現在大家是什麼佛？理即佛。在理上我們跟佛一樣一樣，在道理上講，在心理上講與佛無二無別。但是你迷了，把你本來的跟佛無二無別的迷掉了，不是失掉，而是迷。不像東西丟了，那叫失掉；迷了找不到地方了，一件東西擱到哪兒去了，找不到了，這叫迷。我們的佛性迷了，沒有丟失掉。成佛難就在這裡，迷失掉了。

現在信佛，把迷失的回過來，相似的找到了，實際上還沒找到。在你信佛達到十信位的菩薩有什麼境界相呢？登了初住有神通了，神通很大，這時候登了初住位，化現成佛，化現是佛。到很多世界度眾生，這叫三賢位的菩薩。十住、十行、十迴向，三十位。初住到十住，初行到十行，初迴向到十迴向三十個位置。這三十位滿了，登了初地，與佛無二無別，初地是一分，二地是二分，三地是三分，到十地菩薩跟佛無二無別，還沒有成佛，為什麼？還有個根本無明。八地菩薩斷現相，九地菩薩斷轉相，十地菩薩斷業相。

《華嚴經》講十一地，也就是普賢、文殊、觀音、地藏等十一地菩薩還沒有究竟成佛。當一切無明都斷了，究竟成佛了，與佛無二無別。我們經常學的，「初發心時成正覺，如是二心初心難。」成佛容易，最初進入佛門生起信心可難了。

諸位道友應該很慶幸，你現在能聞佛法，信佛法，相信決定能成佛。「信為道源(元)功德母」，信是成道的根本，有信才能進入，現在你要一步一步求，要修行了，決定能成佛。雖然本具有，失掉了，沒有了。例如在大陸上的銀行叫人民銀行，銀行是人民的，哪些人民可以到人民銀行去拿錢哪！認識佛，你能起到作用嗎？不兌現。這個佛是不兌現的佛，而是理即佛。佛的神通妙用，你連邊都還沒沾呢？這道理應該明白吧！但是你修行，覺了之後，這個路怎麼走，一步一步走，沒有超越的。我們經常聽到禪宗的道理，頓超直入，立證菩提。在這個時間頓超了，知道他無量劫來修定，你知道嗎？你自己不知道自己。

在北京北海公園遇見一位教授

我拿自己來比喻，我連小學都沒有畢業。二十五歲的時候，住在北京北海公園，北海公園內有很多座塔，園內有精舍，那是特許設立的。本來是給達賴班禪住的，喇嘛可以在公園裡頭住，北海公園是在皇宮裡頭的，不是一般人住。等到民國開放，進入公園得買票，你不是裡頭工作人員，不能在那裡住的。有很多逛公園的老教授，看見小和尚，拿我開玩笑：「你爲什麼要出家？」跟我聊天問了幾個問題。我說：「出家了，我要明白。」「你要明白什麼呢？」「明白我爲什麼生？爲什麼死？爲什麼害病？」「那你明白了嗎？」「開始明白了。」

自己造的業一定得明白。我自己造業，業就受報了，我讀小學讀大學完了之後，得當老師，當老師就當教授，我明白了，就是這麼來的。我問：「你明白怎麼當教授的？」「我有學問。」「學問怎麼來的？」「學來的。」我又問：「爲什麼人家都學，你當了教授，很多人當不到？」「那沒得智慧，都不聰明。」我說：「那你比他聰明一些吧！」

我又說：「你過去業障輕，所以今生受報，有學問。農民跟你的腦袋瓜不是二個，一樣的呀！他也有學問，爲什麼他沒讀大學？爲什麼他沒當上教授？」

我又問他說：「你是教什麼的？」「我教人文的。」我再問：「地理，你懂不懂？」他說：「懂一點不大清楚，我不教地理。」我說：「歷史你懂不懂？你只能會一門嗎？」我又說：「我們學知識得掌握它的根源，知道一切事物從業的發生，你造了什麼業、受什麼果，該什麼報。」

我說：「你看我小，其實我比你老的多了。」「唉！你怎比我老？」我答說：「前輩子啊！我現在知道，你不知道。」

我拿一本經給他念念，念一會兒就笑起來，我拿的是《般(ㄅㄛ)若經》，他念的是「般若」，不是般若。

「連這個都不認識，你還當大學教授啊！」「我不認識。」這並不是般若，這是般若，你念般若。

這二個字念什麼？「南無啊！」「那你又念錯了，『南無』，你念『南無』。」瞪眼看著我。後來我們倆成爲很好的朋友。

誰學誰「覺」　誰修誰「覺」　不學不「覺」

一切事物的發生、發展都有因緣，都有生滅，大家掌握一個生滅因緣。諸法因緣生，諸法因緣滅！什麼是覺？你能夠認識因緣，因緣生諸法，諸法因緣生！

佛就是覺，覺就是佛。誰覺悟誰是佛，不覺悟不是佛。覺悟什麼呢？生死是假的。你現在所處的環境全是假的，沒一件是眞實的。再等一百年時間，一百年前沒有華梵，只是佛菩薩。要明白這個道理。諸法因緣生，諸法因緣滅，這就是覺悟之道。緣生諸法沒有體性的，遇緣了生起，緣盡了散滅了。多結好緣，人跟人之間多結善緣，不要一天繃個臉的，看誰也不順心，像誰該你幾百塊錢沒給你一樣，不要。見誰都歡喜，結善緣，這就是結好緣。

學佛法是幹什麼?佛法是覺悟最快的方法。「佛」是印度話，爲什麼不翻全呢?印度叫「佛陀耶」。「佛陀耶」才能翻中國話「覺」。我們今天的題目是「覺」，佛陀就是「覺」。願我們大家都具足「覺」。誰學誰「覺」，誰修誰「覺」，不學不「覺」。

懺罪與空觀

二〇〇九年　梁皇寶懺法會開示・台北新店生命講堂

我們懺罪　要修空觀

梁皇寶懺這個懺法，能夠把過去的宿業懺到清淨、得成道業。在懺悔當中，我們應當認識到諸法本來不生也不滅，又有何福可得、何罪可懺呢？一切諸法是因緣生的，因緣所生法，我說即是空，空的假的。我們要懺罪，懺得使我們清淨，那要修空觀。

我想我們在座的道友，沒有一位不會背《心經》的。《心經》第一個字叫我們修觀，觀就是思惟，思惟就是想。一切諸法本來不自生，亦不從他生，不共不無因。這樣說一切諸法是無生的，無生就沒有滅，無生無滅有何罪可得呢？又有何罪可懺呢？

這個觀想是比較深入，我們現在不能用這個觀想來洗刷我們過去所做的錯誤事情！現在海濤法師領導大家，在拜梁皇寶懺當中懺悔，今天圓滿了，我祝福大家懺悔清淨。

罪從哪裡來

但是這些我們所要懺的罪，罪從哪裡來？第一個大家要想一想。罪沒有體性的，罪性本空；我們做了很多錯誤事情，是我們心造的。「罪性本空唯心造」。如果大家拜懺當中能曉得能拜的空的，所拜的還是空的。以空對空哪有什麼罪可懺？但是我們自己沒有達到這個空義，沒達到空義，也就是這個觀沒有修成。

我們在座道友沒有一位不會背《心經》的，都會背。《心經》第一個字就是告訴我們觀，觀就是你想，想就是你思惟修。想什麼呢？怎麼樣想呢？想一切諸法根本不存在的，根本不存在的，是空的。空的是假的，假的是不實在的。不實在的東西有什麼可懺呢？

因為這種境界達不到，我們做一件錯誤事心裡很懊悔，不知如何是好，總感覺這樣也不對、那樣也不對，看見別人很幸福，看見自己很困難很悲哀。這是比較而言的。因為你沒有去觀想，我們天天念《心經》，我想大家修觀的很少，因為你不修觀、你就不能解脫，就有束縛。

當一修觀的時候，感覺到自己心地上什麼都沒有了！不存在了！從心上就解脫了。修觀！觀一切世間上是假的、不存在的。我們人頂多活到一百歲，再活多一點也是要死亡的。每個人都懂得這個道理，特別是佛教弟子都知道這個道理。為什麼還貪戀呢？這也捨不得、那也放不下，為什麼？你看不破！因為我們都把這個當眞的，你看不破就放不下，放不下就不自在，這就是執著。你不肯放下，所以你不自在。

你的觀沒有修好，你經常去思惟，哪樣眞實的啊！沒有一樣眞實。我們經常看著左右鄰居，再看遠一點就是這個台北市，這個台北市一百年前是什麼樣子？現在我們要再待一百年，台北市又是什麼樣子？因為它是個不存在的東西，隨時在變化的。所以就把它看成是虛假不實的，這叫看破。看破了你就放下了，放下不執著了，不執著了你不就自在了嗎？所以看破放下，就自在了。

讀《心經》的時候　就觀自在

這就是觀。你讀《心經》的時候就觀自在。為什麼？觀自在菩薩是修行照見五蘊皆空的，《心經》上叫觀自在，是他自修；《法華經》上的觀世音〈普門品〉，那是利他。這就是自利利他。你自己修的時候，就看一切不存在的是假的，就是我們這個身體組合，色受想行識五蘊，照見五蘊皆空就是觀的時候，這個觀就叫觀智。這個智慧照到那個境，所有外面境界相沒有一樣是眞的，都是假的，都不存在的。一百年前的人不存在了；一百年後呢？我們現在也都不存在了，各個形狀都變化無常。因為它是空的才能沒有障礙，實性的東西，它就常是在的。世間上有一個常是在的東西嗎？在我們認為這個山和我們面對的大海，有這個可能不變嗎？這個常時在變，隨時在變，念念在變。

我們整個娑婆世界南贍部洲，到它消滅的時候，時間長一點，必定要消滅的。因爲它是物質東西。我們這樣去想，你的家，家宅房子土地，人跟人之間的關係有什麼過不去的？沒有一樣是常的，大家鬥來鬥去全部都得死亡。二百年前的事，我們也沒看見。

你要這樣來認識。人跟人之間的關係應該是和善的，我們對一切眾生應該是慈悲的。我們都知道對別人慈悲，對自己更要慈悲。這個話怎麼講？哪個人不對自己貪戀？正是你對自己不慈悲，貪心很重，煩惱很重，貪瞋癡非常重，就是對自己不慈悲。

自己的自性恆是清淨的，我們給它添了很多污染，心心念念的只能給它增加負擔，沒有給它減少。尤其我剛才跟大家說的，你看不破放不下，如果你看破了，看破了就是什麼事都無罣無礙的，當下就解脫了。

世間的物質，人跟人的關係全是假的、不存在的。爲什麼不能幫助別人呢？爲什麼不能夠多做些利益別人的事呢？你利益別人，心裡想著利益別人，就是佛所教授我們的行菩薩道；盡想佔別人的便宜，讓別人利益我，那就是眾生道，或者下地獄墮三塗。

放下世間上一切物質名聞利養

佛就跟大家說，放下世間上一切物質名聞利養。人家罵我一句，或者對我不起，看破一點，假的。人家罵你對你有幫助，對你讚歎恭敬你對你沒幫助啊！你要認識那才眞正害你的。你要如是觀，這一切是是非非的，能放得下看得破，你就自在了。

你要修行，修觀世音學觀自在菩薩，你就能得自在。要如是觀人生，先從自己做起。《心經》上觀自在菩薩照見五蘊皆空，照是什麼意思？他自己沒分別，就像電燈照著我們，燈有分別嗎？大家都知道它是物質的，沒有分別的。我們的心，如果能夠這樣用心，不起分別意，只用智慧照，這個照是智慧。有智慧才能知道這個身體組合成分，色受想行識是它的組成成分。你把它分析起來，色是有形有相的東西，一定要消滅的，這是色法。受想行識，這是心法。這就是我們平常說的色心二法。

凡是空的，用我們的智慧照它是空的，如果用智慧照受想行識，哪樣是眞的呢？我們在這裡頭受，苦受樂受，不苦不樂受。當你享受樂的時候就高興，當你享受苦的時候就煩惱了，不願意受。苦樂是平等的，這是平等的。每一蘊行蘊是不停的運動。

例如說我們這個心臟，它每一個部位的機能不能停止。當我們在睡眠的時候，它還在運動，它若停下來不運動了，我們就死亡了。色受想行識要是不運動了，停下來就叫死亡了。它是不停歇在運動的。爲什麼？因爲它是生滅法，不是不生滅法，你觀這就照見五蘊皆空，「照」就是你用智慧來分析一下，智慧照而不是識。我們用識來分別呢？會有貪著，智慧照不起分別沒有貪著的。

觀自在菩薩修成了，他能在一切法上自在。所以他對五蘊看成是空的。這樣他一切苦難都沒有了，我們如果能如是做也沒得苦難了。像大家剛結束拜梁皇寶懺都有一定的收穫吧！當你拜懺的時候，你是怎麼想的？想什麼？能拜所拜，有嗎？你要能夠拜到我不存在的，是假的，不是眞實的。爲什麼說它是假的？它可壞性，不是永久性存在的。但是在這個可壞性當中有個不可壞性的，是什麼呢？是我們的性體。說人的死亡，好像說是死亡了沒有了！死亡了是沒有了，是肉體！你所作的業，善業惡業，所作業不亡。亡了我們還懺什麼？懺那個不亡的。

因爲我們沒有達到照見五蘊皆空，所以你所作業就都是存在的。如果你照見所作的業不存在，那也不用拜懺了。

爲什麼叫梁皇寶懺

前兩天我做一個夢，就是夢見這個事。當達摩祖師到中國來，初到中國來見了梁武帝。爲什麼叫梁皇寶懺？這懺法不是他做的，是我們祖師做的。因爲他是皇帝，由他發起的，所以這個懺叫梁皇寶懺。梁武帝沒這個本事也沒這個智慧，那是他那個時代造的。

梁武帝就問達摩祖師說：「我造了很多寺廟，發起度了好多出家人，這功德該不小吧！有功德？」達摩祖師說：「沒功德！」梁武帝就對他不高興了。「我一生作這麼多事情，蓋了這麼多廟，利益這麼多眾生，幫助這麼多人，你說我沒有功德！」

大家理解這個意思不？達摩祖師是從體上說的，體就是我們從本來心性上的。梁武帝問的是事，世間相。達摩祖師從理上答他的。理上有什麼功德啊？也沒功德也沒什麼罪過，話不投機。

大家拜梁皇寶懺　是從事上磨練

今天大家拜梁皇寶懺，我也得學習，讚歎大家拜的很好，罪業消盡。因爲拜懺消災，把我們罪業消除，我們這是從事上磨練。

像諸位道友應該從事上磨練，這都是事不是理。但是在事上你不要離開理，不要離開你的心，能拜、所拜是一致的，你的罪業才能消失。罪業有嗎？問問哪位道友能把罪拿出來我們看看是什麼樣子嗎？誰也拿不出來。這個一定要認識到，這種懺才能懺的究竟。光從事相上磕幾個頭，一天念念經，你的心洗不掉。

同時更進一步洗刷你心上的污染！怎麼洗刷呢？我們當然就是拜梁

皇寶懺或者拜大悲懺，一切懺法都如是。但是你必須從事上歸理，想懺的究竟，想眞正消我們業，你認識到本來沒有，罪性本空就是這樣，所以體性沒有的。要是有，你懺也懺不掉，這不是身上沾一塊泥巴它把身上打髒了！你拿水洗一洗那就洗乾淨了。我們一天下來有時候出些汗身上洗個澡，你能把肚子剖開，把你的心拿出來洗一洗嗎？洗身容易，洗心靠什麼呢？靠著佛法，就是剛才我跟大家講的，就是一部《心經》。字不多，你能把它用得上，什麼業都懺了，什麼智慧也都開了。

這是觀自在菩薩修行的方法。爲什麼到《法華經》不叫「觀自在」？那不是自修，是利他。他叫「觀世音」，世間有什麼音聲聞聲而去救度？聽到什麼聲音？眾生求他了他去度，那個就叫「觀世音」。菩薩的作爲如是，我們每位道友你的心也如是，一個是理一個是事。

我們現在拜懺，拜梁皇寶懺打七圓滿了！事上是清淨了。就事論事！就什麼事說什麼事，這叫就事論事。但是你的心呢？要不要洗刷一下？拜什麼懺？希望大家這個時候修觀。觀什麼？觀我們過去所有做的錯誤事情都不存在，好的事情不存在的，這就是觀諸法皆空。空了還能建立嗎？空裡頭，你空中有什麼罪有什麼福？有這個分別嗎？我們知道這是台北，那一邊是大陸，另一邊是日本。在空裡頭能劃出界線來嗎？這是有。在土地上、在面積上，在有相當中，你才劃出來此疆彼界。你是你、我是我，這樣劃界；但是在理上不是這樣。

「心佛與眾生，是三無差別」！我們說，佛是我們的榜樣，他是怎麼樣修怎麼樣成道的？煩惱都斷盡了、成了道了，我們就向他學，我們也這樣做。這個都是事，所學的都是。理上呢？理上就是我們的心，跟佛所成道的佛心跟眾生心、跟我們自己的心，三無差別。佛心、自心、眾生心，三無差別，一心！因為我們每位道友都具足有佛性，每人都能成佛。

只要沾到三寶的氣味　將來一定能成佛

在《法華經》上，佛給我們都授了記。只要沾到三寶的氣味，我們都是三寶弟子，將來一定能成佛。聞到法，見到佛相，所以在《法華經》上說，「若人入於塔廟中，單合掌小低頭，皆共成佛道。」

這句話，我就跟大家解釋解釋。單合掌、小低頭，都能成佛，這是說過去諸佛最初種因的時候，就是到廟裡頭合個掌，沒有成佛的心，連學道的心都沒有，就點點頭，表示不反對而已。就這麼個善根，以後經過多少年、多少代、多少生、多少劫修成佛了。成佛得有因！《法華經》說的是因不是果，要這樣理解。

爲什麼我說，大家將來一定都能夠成佛呢？佛都給我們授記了，乃至於到塔廟單合掌小低頭，都能夠成佛。大家拜梁皇寶懺，不曉得拜了多少，跟他單合掌小低頭差的多遠。所以我剛上來，稱大家是菩薩，也就是大道心眾生，菩薩覺有情。將來你們到外面都勸別人信佛，把你拜懺的功德拜懺心裡的感受，跟別人講一講，這都叫行菩薩道。

最近有很多人問我說，行菩薩道可難了。我說很容易啊！你見人勸人信佛這不很容易嗎？他做壞事的時候你勸他，不要做壞事因果報應，你多給他講講因果法，這就叫行菩薩道，不是讓你去給人家講一部經。你沒有學你哪有這個本事？人家也不會信你，人家不信你能講嗎？

一切法要有個正確見解，沒有正確的見解，往往你解釋錯了！經上有很多的話，你應該正確解答。

我剛才給大家解釋的，「觀自在」跟「觀世音」是兩回事，「觀自在」是自己修，在一切法上能夠自在無礙，「觀自在」不是救苦救難。沒有說救苦救難觀自在，很少這樣說；「救苦救難觀世音」，這是大家通說的語言，因爲他聽見眾生的苦難音聲，所以你念觀世音的效果非常大。

爲什麼？聞見你的聲音好來救度你。爲什麼說「家家觀世音」？就是念他、請他來救護我們，就是這個涵義。在經上初淺的意思，看見很懂，但是裡頭的涵義非常深。爲什麼？對機說法，不對那個機，沒用。

我聽到貴寺在海濤法師領導下，提倡大家拜梁皇寶懺，我遇見拜梁皇寶懺的很少。大陸這麼多年來，佛法才剛開始恢復。大陸以前不許信佛，拆除寺廟、封閉經典，長達好幾十年。自從八零年之後才開放，到現在將近三十年了。

台灣一直沒有中斷，信仰三寶沒有中斷，台灣信佛的人這麼多。最近就有一個道友問我說：「老法師，我們台灣信佛的這麼多，爲什麼我們苦難很重！」我問說：「台灣苦難重嗎？」「你看我們現在經濟不景氣，很多人很困難。」我說，你把這個地球好好看一看，眼光看遠一點。你看看非洲人怎麼生活的？我在美國，美國那麼富有，現在美國人過的什麼日子？過去中國有句老話說，「窮的富不得，富了要不得。」美國人富，但是現在窮了。這一窮就受不了了，因爲過日子過的舒服慣了。

我們若是聞到佛法之後，再看世間相，我們聞佛法很殊勝，就是說聞聞道都有那麼大幸福，他就得到救度了。

大家共同修學　人人都能成佛

現在諸位道友坐在這個地區、坐在這兒共同修學，知道這個幸福有好大嗎？這個幸福就是人人都能成佛。凡是在這個道場之中的你拜懺，在這個道場拜懺，你沒參加拜懺也能成佛，你要讚歎隨喜。

所以我今天又佔了很大便宜，你們在拜懺，我一個頭都沒磕，我就讚歎隨喜。

大家要看破放下自在，這個就是你的觀念、你的觀感。觀就是你心裡想，佛教講觀不是眼睛看什麼，是思想的思惟。知道嗎？在佛教修觀，觀就是你思惟修都叫觀，你向裡頭觀別向外頭觀，別看人家的毛病。

皈依三寶 不要太執著

說到這個問題，我們有在家的道友，特別是女道友，她一皈依三寶、一信佛受了五戒，她不買葷的了也不買肉、不買魚。到她家宰殺更不可能了，家裡就起了革命了。妳一信佛持了五戒，孩子們或者妳先生，妳上一輩的老人們，人家沒受戒沒學佛，要吃肉，那妳就不給做了，大陸也如是。我勸我們女道友，信佛之後，妳平常怎麼做還怎麼做，妳若是把人家善根斷了，他一定謗佛。

家裡過的好好的一天，媽媽做菜做肉都有肉吃，一信佛把我們生活都給斷了！他不但不信，還要謗毀，那就是妳的過錯了，不是他的過錯。妳給他慢慢講，對於我們華人，這是信佛最大的障礙。

不要標榜自己是個拜懺者

我們很多道友拜懺，拜完懺了會產生一種驕傲。你看我，我拜了幾天懺，你看你連懺都沒拜，業障很重。對於一個沒參加拜梁皇寶懺的道友，你跟人家這樣說，他馬上很不高興，惹人家生煩惱。拜懺有功德，但不要標榜自己是個拜懺者。

拜懺應再深入一下，你懺的是現相，不是本質。要從本質而懺！

我為什麼上來講梁武帝問達摩祖師，說拜懺度生建廟有沒有功德？達摩祖師跟他說沒有功德。是沒有功德嗎？不是的。達摩祖師想度梁武帝，讓他修明心見性，懂得這個意思嗎？明心見性的時候哪裡跟你講功德，不講這一套，另一套叫你明心見性的時候直至成佛，這是甚深的大法。

那是理入。達摩祖師是從理上修道的，我們現在拜懺念經是從事上入的。如果是通家，事即是理，理能成事，理事無礙，要能達到理跟事無礙。我們拜也好、不拜也好，你修這個法門，他修念佛法門，平等平等，但是不從事怎麼顯理？

禪宗六祖慧能的故事

禪宗五祖他在選六祖的時候，在道場號召大家寫個偈子，看誰入道了就可以繼承他的位置。因爲五祖將要入滅了，他知道自己快要死了，他得選個繼承人。爲了選六祖，叫大家到他的身邊人大家都寫個偈子，表表你的心意，表表你的心得，我好傳給你們。

五祖座下的首座和尚是神秀大師，中國有句話，南能北秀，南邊是慧能大師、北邊是神秀大師，南方是頓傳，北方是漸教。

神秀大師就寫了個偈子：「身是菩提樹，心如明鏡臺，時時勤拂拭，勿使惹塵埃。」五祖讚歎說，好啊！依這個修行都能夠了生死很讚歎他，但是並沒有把法傳給他。

這個時候六祖大師沒有出家，也沒當居士也沒受三皈，只是開悟了。

他是怎麼開悟的？他是廣東人鄉下人，到山上去砍柴火，揹到寺裡頭賣。有一天，在樓房底下，把賣的木柴立在那兒休息，聽到上邊的人在念《金剛經》。他也不知道是《金剛經》，上邊有一個人在那兒讀經，讀到「應無所住而生其心」，他就開悟了。

六祖大師就開悟了，這是他過去多生的善根因緣，所以他就不賣柴了，去找五祖的道場。到了道場讓他幹什麼呢？既不是出家人又不是在家居士，只是信佛而已。那時候他也沒表白他已經成道了，就在磨房裡頭在那兒磨，推米椿（舂）米，已經待在那兒很長時間了，沒有誰理他。

這一天他聽見大家念神秀的偈子，他說：「不好不好，我也寫個偈子。」他就寫：「菩提本無樹，明鏡亦非臺，本來無一物，何處惹塵埃。」他也跟人家寫在牆上，五祖一看見這個偈子，拿鞋就給它擦了。

到了晚上夜間，五祖到他椿米的房間來了，說「我把法傳給你！」傳衣傳鉢。因爲傳衣鉢，歷代祖師出了很多問題，因此到六祖以下，一花開五葉，到他爲止了，不再傳了。

六祖拿著衣鉢就往南方去，那時有一個叫惠明要撵六祖，六祖看見他就把衣鉢擱到石頭上面說：「你拿去吧！」惠明就給六祖跪下說：「我不是爲衣鉢來的，我是爲法來的！」完了他請六祖給他開示，他就走了。

六祖跟盜匪生活了十五年，這時候還沒有出家，還不是出家人。以後漸漸遊行到廣州光孝寺，到了廣州光孝寺，他看見兩位師父們在樹底下擡槓。一個說是風吹那個樹上樹枝搖動，樹上掛著旛，就是我們和尚掛的那個旛；一個說風動，說風吹旛才動。一個說旛動，一個說風動，在那兒爭！六祖走到跟前說：「你們兩都錯了，不是風動也不是旛動。」他們問：「那是什麼動？」「仁者心動。」說你們的心動了旛才動。這兩個人聽了就跟和尚報告，和尚就請他說法，這時候光孝寺才給他落髮出家，請了十個比丘給他授戒。

時時心在懺　不是身體在懺

這是一個小故事，引證這個是什麼意思呢？我是說心。如果我們諸位道友，懺雖然拜完了，你心應該是住在觀上，住在懺上。因爲你時時心在懺，不是身體在懺，要心懺。在你磕每一個頭下去，你觀想心隨著身一起的，念一個佛號，念一個菩薩的聖號，你的心到，不是身拜下去，而是心拜。懂得這個道理了，你修做任何佛事要心修，身體修的不成。

大家念佛求生極樂世界，很多念佛的口念心不念，效果不大的，只能得人間的福報，要心念。大家拜懺的時候，用心轉一切法不要法轉你的心。這個道理我想，在海濤法師長時的教導之下，大家能理解。在修行任何法當中千萬不要離開你的心，「心生則種種法生，心滅則種種法滅。」

在佛門修行念一句聖號，一定要口到心到。當你念佛時觀想佛，觀想阿彌陀佛現前，你念《地藏經》觀地藏菩薩現前，你念哪尊、修哪一個法門，觀想哪個的本尊哪個大德現前能得到加持。這一念就靈，越念越靈，要把你的心跟身結合到一起。

這個肉體是沒有用處是假的。眞的是你那一顆心。所以剛才我跟大家說：「心佛與眾生，是三無差別」。假使我們這個心沒有成佛的種子，怎麼能成佛？因爲我們都是佛，是未來的佛。在《法華經》，佛都給我們授記了，每位道友時時想著，所做的一切事，方便修心觀。再回我們原來跟大家講的，要是這樣來觀，你一切罪業消失，你就自在了。所以你不用心就去磕頭拜懺，不行啊！得要心隨你的相，拜是修肉體，你的心在觀想。

拜觀世音菩薩的時候，你得觀想觀世音菩薩現前。你拜的是觀世音菩薩，觀世音菩薩現前，拜的是阿彌陀佛，觀想阿彌陀佛現前。你的心拜哪一尊聖者或者哪一尊佛，你的心跟那個佛結合一起。當你念佛的時候，口裡念的時候，觀想佛現前、阿彌陀佛現前。

我最近講《地藏經》、講《占察經》，有些道友觀想地藏菩薩，作夢夢見地藏菩薩，那效果就非常大，能夠幫助你現世消災免難。

睡覺作夢都在念佛觀佛　決定能往生

睡覺作夢都在念佛，都在觀佛，你已經注定能往生了，自己就知道了。如果你口念心裡沒有觀想，那個效果不大，沒有把握往生。如果口裡也念、心也在觀想，那你生西方決定能生。你念哪部經就隨著哪部經，念《地藏經》地藏菩薩就是你的本尊，念《阿彌陀經》阿彌陀佛就是你的本尊。你念《彌陀經》，應觀想阿彌陀佛。

如果念《彌陀經》，卻觀想地藏菩薩的相，那效果不大。念《地藏經》得觀地藏菩薩，念《彌陀經》得觀想阿彌陀佛。像你拜梁皇寶懺，拜八十八佛的時候，拜哪尊佛隨著哪尊佛觀想。

相由心生，一切諸法即心生，諸法本不生，因心而生。法本無生，是因爲外頭環境才有的。我們這個環境跟別的環境一樣嗎？跟大公司一樣嗎？大公司講貿易講生財有道，但是我們成佛有道！我們是佛道，我們觀想的念念都不離開佛。因爲外界的佛引發自性本具的佛，如果我們沒有佛性，你怎麼修也修不成佛。

你拿這煮一鍋玉米，想變成大米能辦得到嗎？它是兩個種子，不一樣的。我們是成佛的種子，一定能夠成佛。我祝福大家拜梁皇寶懺成功，但是這還不是成就，還得繼續修。

成佛　得自己修

我這樣說，大家不要多心。因爲我們都是剛入門的，距離成佛還遠的很。成佛得自己修，你不修成不了，知道嗎？這個道路還很長。每位道友住的房子都會打掃清潔吧！我們的心很不清潔，隨時要打掃一下，也就是念念不忘三寶，念念不忘三寶，要能夠專修一門，不論修哪一法修哪一門都可以。

八萬四千法門，你要一門深入。假使你們要想當法師，那就不能一門了。眾生很多，昨天還在拜梁皇寶懺，今天我就來給大家講開示，這開示跟梁皇寶懺是兩回事了；但是八萬四千法門，目的就是達到一個，了生死！對我們來說，先把分段生死了了，這是最主要的。

你遇到一切不順心、苦難的時候，你要想到，這是修理我。修理我什麼呢？要我趕快成佛，信嗎？但是對我的修理可大了！大家都知道，我住了幾十年監獄，那修理的時間太長了！如何想？如何忍受？那就要考驗功夫了。經常講災難，在災難當中如何觀想你的心？我勸每位道友掌握你這個心，遇到什麼挫折、遇到什麼災難，你的心不變。什麼不變呢？信佛。

大家認為我們現在都是信佛的，但還沒有到位。這話如何講呢？《華嚴經》說信心，眞正信佛到了不變的時候，到了信心不動搖的時候，覺知前念起惡、止其後念不起，達到目的了。當一個念頭不對馬上止住了，這叫覺知前念起惡、止其後念不起。如果沒達到這個程度，我們的信心還沒有到位，如果前念做不對，第二念還跟著做下去，那就相續了。

能夠達到這個信位了，之後，信位逐漸的增長，能夠進入初住了，這才不動了。不隨三塗六道所轉，三塗六道轉不動你了，住在佛家，住在三寶家，所以叫住。

我們學教理的人跟學禪宗的不一樣，一切都是有標準的。你信佛信到什麼程度，你自己能知道，不動搖、不變，遇到什麼災難，你的信心不動搖，你相信佛菩薩一定加護你的。但是我們現在信佛是欣樂心，沒有入位，等信心入位了，不退了。一入位了，進入初住的菩薩，他能示現成佛，初住的菩薩就能示現成佛。

這是圓教，講的是《華嚴經》的意思，我請諸位道友們一定具足信心，不要因爲生活當中受點苦難，就怪三寶沒有加持。「信佛好多好多年了，還讓我受！」我經常遇到跟我抱怨的道友。

他問我說：「老法師！你住監獄抱怨不抱怨？」「我抱怨誰？抱怨佛菩薩？」我說，自己作業自己受報，跟菩薩有什麼相干？他問：「菩薩不加持！」我說：「菩薩能加持一個犯罪的人嗎？菩薩能加持一個有錯誤的人嗎？菩薩能加持一個不信三寶的人嗎？」

遇到挫折　要堅定信佛不動搖

信三寶的人遇到什麼困難，要感覺自己做的不夠，信心不足。我希望我們諸位道友信心足，好好的信仰，遇到什麼挫折，堅定信佛不動搖。遇到災難，這一下好了，業障消了智慧增長了，智慧增長了漸漸就成佛了。

業障是好事，磨練你不是壞事，希望大家以後遇到什麼困難，念佛、消災、求佛加持。

懺罪與空觀　學佛問答

【問】：如何懺悔？

【答】：懺呢？懺過去。悔？悔改未來。這兩個字是不一樣的涵義。過去的，已經做完了沒辦法了，那就叫懺。悔呢？未來絕不再做了，不犯同樣的錯誤，二者合起來叫懺悔。

【問】：如何發菩提心？

【答】：這個問題很難很深。在西藏教義，學十年專修發菩提心；「菩提」是印度話，翻中國話，覺悟的「覺」，發一個覺悟明白的心，這個覺悟是覺悟我的生死，覺悟我怎麼樣了生死。但是菩提心，除了這個是不夠的，不止自己，還要讓一切眾生都覺悟，都能夠了生死。菩薩沒有自己。發菩提心不計較自己的得失，也不計較自己的修行，計較眾生，專門度眾生。有苦難自己承擔，讓眾生得幸福，總的來說，但願眾生得幸福，不爲自己求安樂。《華嚴經》是這樣教授我們的。

做一切事情都給眾生謀幸福，不是爲自己；拜懺、念佛、念經都是爲了眾生，這就是發菩提心。在你的思念當中沒有自己，如果不會發呢？你就念：「不爲自己求安樂，但願眾生得幸福。」這就是發菩提心，代眾生懺罪。如果自己到懺室裡拜懺的時候，不爲自己消自己業障，只想給眾生消業障，眾生業障消了就好了。這叫發菩提心。

【問】：如何消滅嫉妒瞋恚？

【答】：最好是行慈悲法。慈悲是不瞋的，跟瞋恚相對的。你看見這個小動物，一隻螞蟻、一個畜生，你可憐牠，牠爲什麼墮到畜生道去，你在那兒給牠念經念佛，替牠懺悔。這是一般的。

在任何的事物當中，看見別人有一點點好事，你讚歎隨喜，這是普賢菩薩十大願王的「隨喜功德」！

第四大願「懺悔業障」，當你拜懺的時候，也就是我們拜梁皇寶懺的時候，想到的不是自己，我的爸爸、我的媽媽、我的六親姊姊妹妹，乃至我的左右鄰居；再想著我住的那個街道，再往大一點想著我那個縣，再一想台灣，再想到全世界人類。我是給他們拜的，不是爲了我，那你的菩提心就大了。

這樣還有嫉妒嗎？還有瞋恚嗎？現在別人做一點點好事，你就讚歎隨喜，別人有一點錯誤的事情，幫助他改悔，幫他消業，對待任何人都拿慈悲對待瞋恚，嫉妒障礙當然沒有了。

名利思想放下的時候，沒有嫉妒了。看人家好，讚歎隨喜。十方諸佛菩薩，所有行菩薩道，十方度眾生成就的，我都讚歎隨喜，你那功德可大了。這不是假的是眞的，你天天發願、天天如是行。

【問】：如何發財？

【答】：很簡單，做布施。我給大家講個故事。佛在世的時候，有一個貧女很窮，討口要飯，她哪兒有錢！忽然間撿了一枚金錢，這枚錢是金子做的。她撿了金錢，她就想了，爲什麼我這麼窮、人家那麼有錢！因爲我沒有供養三寶，她說這回我可有了錢了，我供養佛。怎麼供養呢？她到賣油的店裡，就把這枚錢全買成油。這個店的油老闆問她：「妳要打油得拿個傢俱，不然妳油擱到哪裡？」「我什麼都沒有！」她說：「我這個錢是撿的，我因爲窮我想供養佛。」老闆也很感動說：「好了，我給妳拿個罐子，罐子是我供的、油是妳供的。」

這個貧女把這個油就倒到一個燈裡，還不是主燈。她供養這一天，波斯匿王拉了十車油，把所有油燈都添滿了。貧女這個燈燈不太大，但是光明特別大，比那個波斯匿王供的燈光明都大。

第二天早晨燈要滅的時候，正好目犍連尊者當值，目犍連尊者把別的燈都滅了，就是滅不了這個燈。在這個時間佛出來了，說：「這個燈，以你羅漢的神通力量滅不了，因爲這是竭盡施。」什麼叫竭盡施？她全部財產都供養燈了，那個貧女捐了她全部財產全部供養。

完了佛特別把這貧女找來，給她說法，她就證得阿羅漢果。就是供養一個燈，這叫竭盡施。布施的大和小，沒有標準的，好多道友想發財，一邊要想發財一邊揮霍浪費。發了財，爲什麼？享受。

假使你發願，發了財供養眾生，那又不同了，要想發財別亂花錢。我們台灣的道友搞貿易，到了廣東、上海，發了財了他不是憶念供養三寶，也不是再投入生產。有些大家可能聽到的，到那兒包二奶奶、包三奶奶都來了！他去享受了，這個發財是不長久的。像大家都在這兒發財，發什麼財呢？那叫法財，發財就積福，不布施發不了財，捨得，我們大家都會說這句話，捨得捨得，你捨了才得，不捨不得。

【問】：修行，吃葷吃素有沒有關係？

【答】：吃素吃葷，那是生活問題，問題不大。不過爲什麼要吃素？因爲吃素減少煩惱，眾生的肉跟大米白麵跟那糧食不一樣的，殺豬也好，殺羊也好，一個恐怖、一個瞋恨，你殺牠，牠不瞋恨嗎？你看牠不說話牠心裡頭照樣有顆心。無論大小動物你要傷害牠，牠都要逃、要躲避。被殺害了他非要報復不可，你殺他，他要殺你。

我們吃素，可以減少瞋恨、減少冤家。佛在世時候並沒有吃素，西藏喇嘛也不吃素，印度、緬甸、泰國、日本的所有出家人都不吃素。但是佛規定五淨肉，吃肉你到市場買，那叫五淨肉，不見、不聞、不為我，那個賣肉的他不是為我才殺生的。他是普遍的賣，這個肉你不犯殺戒的。殺是指自己親手殺死，那犯殺戒的。只有我們的漢人吃素，西藏的佛教徒不吃素，緬甸的佛教徒也不吃素。為什麼？因為漢人一開始就學大乘教義，講慈悲。慈悲的菩薩還去吃眾生肉？你慈悲什麼呢？第一個表現慈悲，不傷害眾生，這是吃素的問題。

【問】：感情放不下，怎麼辦？

【答】：這個我沒有辦法，佛也沒什麼辦法。你要以對佛的感情、對三寶的感情來轉化。我看你們對待海濤法師的感情，那種師徒的感情重了，別的感情就輕了，別的感情輕了，自然就放下了，這是轉移目標。把你跟父母的感情、跟朋友的感情都轉移向佛。

法緣重的弟子，對待師父的感情，對三寶的感情重了，世間的感情就輕了。對佛的感情，這不叫感情，叫道情、道義，這就看你信心的力量。

剛才講信心具足了，他寧捨生命都不會捨棄三寶的，那叫感情。感情得有感才生情，感情感情，對三寶的感，感三寶恩。剛才不是有人問我發財，我說你拜財神爺不靈，拜地藏菩薩發財。就是到了經濟不景氣，你天天念《地藏經》拜的地藏菩薩，生意蠻好的。

我來台灣，有些道友念《地藏經》，他做什麼貿易都好，只研究掙錢。假使說我們把對待三寶的感情，像對待財富的感情，把它轉成三寶，這樣可以又發財又入道，又可以布施，三得。

身心分離的智慧

二〇〇九年　廈門南普陀寺閩南佛學院

身心分離的智慧

一個人要是有修行，就有護法。我現在九十多歲了，最近這十幾年還不錯！但是對我來說，出了家就不大好，盡是災難。那你應該躲避？有時候災難躲避不了，天天還是要發願。我看每個同學早晨做早課，都發四弘誓願吧！我在監獄裏就是靠著這個活著出來的，天天發願代眾生受苦，每天都念：「眾生無邊誓願度、煩惱無盡誓願斷、法門無量誓願學、佛道無上誓願成。」念是這麼念，眞正讓你做，你會受不了。

有人問我：「老法師您在監獄三十多年，是怎麼活出來的？」這是我的秘密，今天我跟大家公開，就是天天發願，代眾生受苦。沒進監獄的，別進來了，我替他代受。因爲心裏頭寬寬亮亮的，在任何磨難當中，你都能看破放下。

現在把最近的心得跟大家說，要把自己的心和身體鍛煉到分開！雖然我們天天都在念，天天都在學，就是分不開，那你就苦死了。害病的時候能不能克服？我每天大概三點鐘起來念經，但是在九十四歲的那年，有一天夜裏，到了時候起不來，胳膊想擡一擡，擡不動了。我想這下可完蛋了，不是半身不遂，就是全身不遂。我就在床上拼命的活動，最後又能下地了。從那時候又能起來走路，我的弟子他們不知道，我在五臺山還是早晨起來，表面上很正常，實際上折騰的很厲害。我說這個是什麼意思呢？

我們道友遇到困難的時候，這個時候檢驗你的功力，你出家起碼幾年了，總有點力量。一點點問題就煩惱，罷道了，這要特別注意。你能克服一點進一步、克服一點進一步。我現在九十六歲還能講法，這是願力支持，我能活一天就講一天。

信心是有標準的

要有信心！要相信自己！可能大家笑我，哪有自己不相信自己的？恐怕連一個相信自己的都沒有。十信位的菩薩十信滿心，到了初住，這是住到菩提心上。我們天天發菩提心，這是假的，不是眞發心。爲什麼這樣說？你若眞正進入初住了，住菩提心，初住的菩薩在示現一百個世界成佛，那有神通了，你自己也有妙用。

我曾經在監獄這樣想，假使我能忍受、能夠出去，那我就有神通了。神者就是你的精神通達無障礙，這叫神通。當你能夠出家，能剃頭，第一步就是大神通。第二步，你念佛也好，修定、參禪也好，八萬四千法門隨便哪一法門都要深入。當然我們現在隨便問哪一個，你有信心沒有？都當了和尚還沒有信心？這個信叫欣樂心，不是信心。

信心是有標準的，不是隨便說我有信心，什麼標準呢？覺知前念起惡，覺得自己念頭不對了，不相續；止其後念不起，能夠止住，這就是菩薩。這才漸漸發現神通，當你一起念頭感覺不對，馬上止住，這叫有信心。如果自己檢查自己，當生起這個念頭不對了，馬上止住，不再相續，那你就是菩薩，眞正入信位的菩薩。在佛的教授當中，受三皈的弟子認爲是佛弟子，這就是有信心。信心一入位，效果就有了。

智慧的成長　光學不行

同學們！讀佛學院，就是學習智慧。但是智慧的成長，光靠學不行，應該加上最重要的一部分，行！把我們所學的，經過我們的行來證實。我們所學的，經過鍛鍊，行之後才能運用。行比學要苦一點，但也不要求很高，不用像古人頭懸樑、錐刺骨那樣，而是依著我們所學的會歸於心。如果自己能把心看住，那就不得了了。心能轉法，能轉一切相，就是諸佛。《楞嚴經》上講，心能轉法即同如來，心被法轉即是眾生。法就是外邊的一切境界相，像我們在南普陀，就跟五臺山不一樣，山裡的和尚跟鬧市的和尚是有差別的。

這次跟我一起來的五臺山比丘尼師父，沒有到過上海也沒有到過廈門。他們到這個地方一看，那跟五臺山簡直是大有區別。這就是我剛才說的境對於心，乃至學的一切佛法，全都是外邊的境界。你若能把境界轉爲心，那就是佛，心能轉法即同如來，心被法轉即是眾生。我們所學的轉境方法，你學了方法不去用，這個方法無效，等於零。如果學的不去用，你不能享受，如果說菜飯多麼好，光說不吃照樣餓，若吃了就飽了。

這個道理很簡單，我們學經的時候，最開始就說，苦集滅道、知苦斷集、慕滅修道。在五臺山曾經有人問我：「老法師，苦集滅道是小乘，爲什麼你講小乘不講大乘？」我問他：「你現在苦不苦？」他想一想，苦得多；你轉得動嗎？佛所教授是對機說法，是有大有小，實際上沒大沒小。苦是一切眾生都具足平等的，等你轉了，不平等了。我們怎麼轉？你得認識它。

我有一個很淺的體會，心跟外邊的境，你若能分開就是轉了。本來你是在最苦的境裡，但你不認爲是苦，不認爲苦，還認爲是樂。假使你認爲是苦，那你的心幫苦的忙，那就越苦。本來是苦，你再幫他的忙，苦上加苦。如果你不認爲是苦，心地坦然。

我想大家都看過〈阿Q正傳〉，魯迅先生作的。阿Q精神，本來是說中國人的劣根性，但我看不是這樣的。假使人人都具有阿Q精神，我們學佛的人成道的，想法不一樣了。舉個例子，阿Q經常受氣，他被人打了，他很痛很難過。後來他一想是兒子打老子，我兒子打我，算了忍受吧。他心裡就唱起來了又愉快了。這種人，在魯迅批評是劣根性，但是對我們出家人、學菩薩道的，這句話對我們很受用。一切眾生都是我們的父母，他欺負我、毀辱我，是兒子打老子，沒有什麼關係。

這個思想在行菩薩道上是一樣的。菩薩行菩薩道的時候，觀一切眾生，男的是我父、女的是我母，拿這個跟魯迅來說，完全不一樣，觀想不一樣，我們要度他，這個觀想把一切眾生當做父母。你行普賢行願的時候，觀一切眾生就是父母。

有相與無相

禪宗平常講：「身是菩提樹，心如明鏡臺，時時勤拂拭，勿使惹塵埃。」這個對不對？對的，但是不究竟。這是六祖的師兄神秀大師說的。在禪宗，有南能北秀，北方人都是有相法，從神秀大師這一派傳下來的。六祖大師的看法不同了：「菩提本無樹，明鏡亦非臺，本來無一物，何處惹塵埃。」原來什麼都沒有，爲什麼叫惹塵埃？這又高了。想想這兩個偈頌，佛學院的同學大概多屬於神秀派的，在琢磨有相，不是禪宗。

例如我到福建福州雪峰，有兩個例子。在唐朝義存祖師，有一次禪堂坐了五十二人，到了放香的時候，一打板五十二個人全開悟了，禪堂就熱鬧了，什麼是祖師西來大意，都明白了。一個在人寮做飯的師父在那撈飯，他把灶一丟，說我也開悟了，這樣就有五十三位。

到雪峰朝山的時候，他們問我有什麼看法，這五十三位都成佛了？我說，這是禪宗自己認爲的，以爲開悟就是成佛。這是禪堂自封爲佛，佛沒授記。佛授記的就是佛滅度之後，再來繼續佛的，只有彌勒菩薩，中間沒有這麼多佛。

這個只是開佛的智慧，沒有佛的功德相，有佛的八十種相好？有佛利益眾生的功德？明心見性比一般的修行快得多了，這叫稱性起修。稱你全體的性來起修，全修在性。他修起來比一般沒開悟的人要快得多。

又進一步說，開悟了就不再造惑了，那成佛的快。但是明心見性只認識到素法身，沒有利（力）用，沒有度眾生的神通變化。我們學教義的人就非常認眞，每個位置有一定表現的，不是說說而已。例如從十信滿心登到初住，那是華嚴境界，他能在一百個世界示現成佛，多了不行。佛說的初發心始成正覺，不是指一般凡夫說的。你研究教義久了就知道，初發心成正覺是指你初發菩提心、登了初住，才是眞正的發菩提心，在《華嚴經》教義是這樣講的。

一般發菩提心是欣樂心，十信滿心的境界相是覺知前念起惡、止其後念不起，這才入信位；眞正有信心的菩薩，不再造第二念的惡。我們做得到嗎？我們一般的是隨著妄想去造業。如果能感覺念頭不對，馬上止住。在這個情況之下，發的菩提心叫眞正的發菩提心，這叫發心住；把你的心住在菩提上，菩提是個名字，意思就是覺悟，他的心永遠是覺悟的。但是得一位一位斷惑，十住、十行、十回向三十位，登了初地了。初地菩薩發菩提心，三賢位，他眞正發菩提心了，證得和發心嚮往，兩個不同。

例如說我們佛弟子，無論在家、出家都發心成佛，這個沒問題。發心、成佛一樣，初住的菩薩跟初地的菩薩發心成佛，那相差的很遠了。因此我們現在所有發心的菩薩，發菩提心就稱菩薩，相似位還不夠！這是欣樂，跟發菩提心相似，乃至跟初地分證有差別的。

何謂無明

跟諸位同學說這個意思，是因爲大家在佛學院讀書，從文字上你初步理解了，理解出家究竟是怎麼回事，什麼叫出家？我們現在沒有出家，這是世俗相，連這個煩惱家都沒出，整天煩煩惱惱！出家是出煩惱家，煩惱都斷了再出無明家。剛才來個警告的雜音，想要出無明家，這就是無明。

在唐朝時候有位宰相叫魚朝恩，這一天皇帝請南陽國師來，皇上命宰相接待國師。皇帝還沒跟國師談話的時候，魚朝恩先向國師請問佛法，他就問國師：「無明從何起？何者是無明？」他本來是請法，認爲是很正確的，國師當時就發脾氣，瞪著眼睛瞅著他說：「你個奴才還請問佛法？」這下把魚朝恩給惹火了，也發脾氣了，火冒三丈說：「我是奴才，只是皇帝的奴才。我是一人之下、萬萬人之上。在這個國家，我也屬於第二位，你怎麼這樣輕視我？」在大發脾氣的時候，國師說：「你安定一下，無明從此起，此就是無明。」何者是無明，此就即是無明。這兩句話，我經常想。人家問你無明從何起？煩惱哪裡來的？你怎麼答覆？沒法答覆。這是國師的智慧。這一問答，無明從此起，此就是無明，魚朝恩就開悟了，這才給他頂禮。

聽來是個故事，我們每位道友，當你發脾氣的時候，自己停下來，我這個脾氣從哪裡來？爲什麼我要煩惱？無明是怎麼起的？我們或者是學的進不入，煩惱了，你停下來找找煩惱的原因，也問問自己無明從何起？何者是無明？這一問我們可以開悟的。學經教的，這是漸次而已，這不是一天二天，你漸漸磨練，練到不發脾氣。

身口七支清淨

同時，口裡不說惡言，這一個看起來是很簡單。如果道友想入這個功夫，第一個口絕不說惡言，絕不說傷害別人話，語言當中不要惹人家生煩惱，讓人生歡喜。我的身體不做一件讓眾生不高興的事，讓眾生都滿意。回顧一下，我們能做的到嗎？

對任何人，說話都生歡喜，不因爲我讓人生煩惱，就這個功夫鍛煉一下，看能做到吧？口有四種，妄言、綺語、兩舌、惡口，這四種語言你都沒有，最容易犯的綺語，說人家喜歡聽的話，就像文飾自己一樣的，叫綺語，但是沒什麼實義。人家聞到你的話，得不到什麼好處，這叫綺語。惡口，說傷害人的話，並不是說罵誰、指出人家短處，這是傷害別人，這個絕不做。

你的身體從不做傷害眾生的事，沒有殺盜淫、沒有口四過，身口七支，你做到了嗎？佛制的戒律有二百五十條。戒律有兩方面，止持與作持，止持是佛不讓我們作的，我們不去做，這叫止持。止持的反面是作持，我們現在講戒時，很少講作，光講止，怎麼能止？得先講到做，做才能止。

惡口、妄言、兩舌、綺語不說了，反面就是念佛、念法、念僧，說幫助別人的話，有利於眾生的話。你得把正面的提出來，才能對治反面。盡說反面的，那就成了啞巴，啞巴就不犯罪了？不是這樣的。萬法由心生！我們一般初入門的分大小乘大乘，這算是小乘教義。大乘教義注重在利益眾生，說利益眾生的話。在大乘教義裡要罵人呵斥他，只要對他有利益，那不是犯戒的。禪宗祖師有時踹人一腳、打人，特別是請開示，大家可能看過那這些公案。

諸位法師是學教義的人，每天聽的經，經上都有，叫你怎麼做，哪些事情你不能做。每部經都是戒，不是單指的學戒才叫戒學。

這個問題，我在請弘一法師時，跟弘一法師談過。弘一老法師非常拘謹，他說：「我們的一切行爲都是戒行。」弘一老法師經常寫華嚴讚頌的偈子，對小乘戒律很體會。

我的個性很怪，我跟弘一老法師經常擡槓。擡槓的意思是我問些問題，老法師呵斥過我：「你盡鑽牛角尖。」不錯，我盡鑽牛角尖，我又跟老法師說：「我不是鑽牛角尖。」一切語言說話、舉手動作，沒有心理指揮，他還能做嗎？萬法由心就是這個涵義。心是主導，你不起心動念，你能做嗎？萬法由心生，因爲心是主帥，身體是由你的心是來支配的。

改變習氣是非常難

經常說無意識，習慣了，用不著動心，這是慣性、慣力。因此你見到我們無量劫來所積累的惡習，沒辦法，殺盜淫妄轉一個又來了。所以改變習氣是非常難的，連大菩薩都很難。習氣是多生累劫做慣了，正行沒有了，但是你的正行所遺留下來的習氣，你沒辦法。

你看每一個道友，都有自己的生活習慣，那個就叫習氣，自然而然，不犯什麼罪、也不犯什麼錯誤，但是從你的動作表現出來，在語言上你就犯錯誤了，你會傷害到別人，這是你的習慣。

佛的弟子畢陵伽頗蹉已經證得阿羅漢果，有一次過河，他有神通不施神通，也不對河神好好說，請妳幫我把流水斷了，而是說「小婢斷流，小婢，妳把水給我斷了。」小婢就是奴才的意思。河神，一般都是現的女相，河神斷流了，完了河神就到佛那告他的狀，說畢陵伽頗蹉尊者過河的時候，太不尊敬別人；佛就叫畢陵伽頗蹉尊者過來，給河神懺悔。懺悔的時候，他又說：「小婢莫瞋！」河神就跟佛說：「他當著佛的面，還要叫我小婢。」佛就跟河神講，他是無量劫來的習氣，無量劫來生生世世，生到富貴的家庭，他雇了很多傭人，這是無量劫養成的習氣。

我們看每個人的習氣，代表了很多東西。斷殺盜淫容易嗎？斷他的習氣很難，我們每一個人的動作都有他的習氣，這就是習慣力量。因此我看我們和尚自然有當和尚的習氣，我們沒有什麼感覺，在家的道友看見我們都有一個習氣。

無論我們對佛的信心到什麼程度，但是見到佛像先禮拜，你馬上把一切停歇降伏。你看這個人，雖然還沒入佛門，但他見到佛像非常恭敬，就知道他多生累劫種過善根。

泉州龍山寺的傳奇

再講一個故事。有一次我要去泉州，福建佛教會的幹部是當地人，他就把我領到他的家鄉龍山村去看一間廟（按：現為晉江市安海鎮）。他給我講，整間廟就是依這棵樹修的。這棵樹有一兩千年了，說起來很神秘，樹還是活的，順著枝幹雕起來一尊千手千眼觀音像，其他的部分則修山門、修大殿。後來文化大革命，紅衛兵要來燒。村民就用稻穀把這座大廟封滿了，說我們自己取消了，把它做成穀倉，這座廟就沒有受到破壞。修這間寺廟抱柱的石匠（按：安溪名匠王益順），一生就做了兩對，另外一對在臺灣臺北市，也稱作龍山寺。

兩座龍山寺，一個在臺北、一個在泉州。他們的奇異點是什麼呢？文革結束後，村民就把糧食取出來，重新修大廟。這間廟非常靈，但是廟不屬於和尚。因爲這個村子保護這間廟，保護了佛像，就不給和尚，由他們佔了，廟裡所有供養的香，收的費用都歸村子所有。

這間龍山寺，離泉州市大概有三五里路，帶我去的是宗教局的幹部，他是這個村子裡的人。到廈門來，我跟他一起去泉州的時候，特別去了龍山寺；後來我到臺北龍山寺，那抱柱和這個抱柱都是同一個石匠刻的，抱柱有個特點，現在我也不明白，抱柱中心有觀世音像，觀音像不大，如果沒有人說你也不知道，你往雕刻的柱子裡看，就能看到。文革期間，其他寺廟受到破壞，唯獨龍山寺沒被破壞。如果大家去泉州，離泉州市四五里路，後來泉州佛教協會一部分設在龍山寺裡，但不允許和尚住。那時因爲和幹部的關係，我才能住進龍山寺裡。

我說這是什麼意思呢？我說它的特點，一棵樹大概一千八百多年了，從山門到抱柱、到佛像，都是這一棵樹修的。一切佛教文物聖地，它都有存在的條件。

閩南佛法的興盛

說這個傳奇故事是形容南普陀寺，從過去的衰微到現在的興盛，爲什麼？我自己問過我的同學道友，從一九三一年到二〇一〇年，整整八十年，這八十年當中，從福州到廈門，寺廟也好、僧眾也好，在全國乃至全世界，佛教還能存在，從修行，從寺廟的建築，能夠像這樣的，其他處沒有。如果經過道路兩旁的寺廟，你可以觀察寺廟頂端跟其他的地方不一樣。這是形相。至於人呢？全國恢復佛教，閩南出家人先恢復穿僧服，特別是老菜姑（按：帶髮修行的住持），不管國法不國法，她們認爲就是這麼穿，服裝是僧服，可是留著頭髮。

這個是有個問號，爲什麼？這次我也要求閩南佛學院的同學，要與其他佛學院略有差別，差別在哪一點？希望我們同學不光學，還要去做。做就是我們所修行的，修行很簡單，自己把自己修理修理。例如你衣服破了，洗一洗補一補，那叫修理。方便打整清潔，那叫修理，這是外相。

我說這個修理，是修理你的心，你在幹什麼？你住佛學院就是學修理的方法，自己不修理，那些居士以及剛信佛的人，他看到就會認爲佛法一定不好。爲什麼呢？學的人不修行，給人的第一個印象是這樣。

因爲閩南信佛的人，在任何時候，比任何地方都多而且眞誠。以前我們在老法堂裡講《法華經》、講《地藏經》，每天晚上八點到九點，廈門居士都在聽。他們不是光聽聽而已，還要去做。任何事你光說效果不大，知道方法了，你要照方法實行，你行了才能得到。轉煩惱、證菩提，不是一句話，那你要付出很多的辛苦。

前面說南普陀寺的故事，不是責備任何人，而是責備我們自己。責備我們自己修的不夠、感應的不夠。那個時候我到天王殿，也跟四大天王發過牢騷，最後還是怪自己，不怪別人。妙湛老和尚則是沒有關係，一切隨緣。我那時候比較認眞，現在又活了十多年，看開了。世間就是這樣，眾生界就是這樣。我也不在南普陀寺，妙老也不在了，南普陀寺還是很好，什麼事也沒有。那時候我們道德不夠，福建三個老和尚，福州圓拙老和尙，廈門妙湛老和尙，再加上我一個外來的夢參。現在他們倆個走了，就剩我一個，我也快了。

出家的目的　掌握自己的生死

我說這些事實是跟我們未來道友、諸位法師，做一個參考。參考什麼呢？我希望諸位法師、同學，你學的是幹什麼？學以致用。學是要用的，你得去做。出家的目的是什麼？出家的目的是了生死。我想這個問題每個道友都懂得，我們出家的目的，要把多生累劫的業障消了，能夠生死自如。假使我們自己掌握自己的生死，初步修道成功了。

我們說，了生死！了生死距離成佛遠得很，但第一步你得能做得到。生，我們沒辦法過去了，沒有自由。但當了和尙，死可要死得自由，什麼叫死的自由？死的時候，我們看得破、放得下，自由自在，想去極樂就去極樂世界，想去兜率內院就去兜率內院。現在我們都還做不到，生死被自然擺佈，自己做不了主。

這就是今天跟大家講的，自己的命運自己掌握，用和尚的術語說，了生死。這輩子的生，你沒辦法選擇，來生我要自己作主，不生。不生就不死了，有生必有死，求不死不可能。因爲這個肉體生了，他就要死的，生就會消失的，一定要死亡。現在我們自己沒把握，好像被自然擺佈。再說深一點，被鬼神擺佈，鬼神能管到我們的生死？鬼神辦不到，特別是我們修地藏法門的，念《地藏經》。

行法　第一步解決生死

我們在這裡學法，學法要行。行法的目的是解決問題，第一步解決生死。如果我們第一步邁不開、走不出去，你一直被生死束縛，沒把生死掌握在自己手裡頭，能做到不能做到？絕對能做到，就看我們肯做不肯做。把我們所學的教義，你只要做一分就夠了。

剛才跟大家講苦集滅道，苦集就是生死，修道證滅就是了生死。現在修道的方法，大家都學到了，到佛學院你第一年就學到。但是怎麼樣了生死？很難做到，學到也沒用，沒用你掌握不住。你能掌握自己的生死嗎？掌握不住，你就被別人擺佈，你掌握住自己的生死，有什麼現相呢？

妙高峰禪師的啓示

過去五臺山有位妙高峰禪師，先是不能掌握生死，後來能掌握生死。他在五臺山修行，修得非常好，皇上封他官他不接受，封國師他也不接受。那麼皇帝就賜給他一個紫金鉢，這個他接受也非常喜愛。後來他壽命盡了，小鬼來抓他，但是找不到。小鬼就請示當坊土地說：「妙高峰禪師在山上怎麼看不見？」當坊土地說：「他正在入定，所以你們沒辦法找到的。」小鬼問：「有什麼辦法沒有？是不是眞修成了？」當坊土地說：「他現在還沒有完全放下，他有一個皇上賜的金鉢，非常愛惜。」當坊土地又跟小鬼說：「你一動他的飯碗，就看見他了，再拿他。」

小鬼到那裡就敲他的鉢，妙高峰禪師就在這坐著並沒有到那裡。小鬼就用鏈子把他鎖上，妙高峰禪師看著無常鬼用鏈子把他鎖上，就知道了。

妙高峰禪師就問小鬼：「你們怎麼把我拿到的？你倆應該拿不到我的！」「你的修行是假的，還不是眞修行，放不下，一敲你的鉢，就把你敲出來了。」妙高峰禪師就跟小鬼要求：「反正你們把我鎖上了可以交差了，我也跑不了了，把鉢再拿給我看一看，給他告別。」小鬼想：「我鎖上你了，拿這個鉢給他看一看。」禪師把它拿過，一摔摔在地上。小鬼看到一摔，感覺不妙趕緊拽鎖鏈，一拽鎖鏈鎖空了。聽妙高峰禪師說：「要拿老僧妙高峰，除非鎖鏈鎖虛空，若還鎖得虛空去，再拿老僧妙高峰。」意思是說，肉體是空的。

生死自在

另外還有一位北京西山的禪師，這位禪師很會作怪。他要圓寂了，不好好坐著，走到大殿，頭朝下、腳朝上，死在大殿。這樣大殿門開不了，上殿就麻煩了。大眾僧就給老和尚報告，老和尚說，他妹妹在山下，把她叫上來。他妹妹就給禪師說：「哥哥，你一生中都在作怪，要走就好好地走，怎麼把人家的門給擋上了。」他妹妹這樣一說，禪師就回來了，他說：「這樣走不行？」「你走可以，爲什麼把門給擋上？」他笑一笑說：「那要到哪裡？」他妹妹說：「到旁邊坐著走。」禪師就到了大殿的旁邊，坐著走了。

這個故事形容什麼呢？表示他來去自由，修成了。聽起來是神話，這是和尚的家常便飯，至於是不是成佛？還遠得很。祖師的神通，妙現一切現相。我們學教義的非常明白，初住的菩薩都有這些境界相，想如何就如何，神通妙用。

大家都念《阿彌陀經》，都看西方極樂世界的故事。我們生到極樂世界去就是一個凡夫，還沒成道，實際生到極樂世界就是成道，不成道你生不到的。

大家看經都知道極樂世界，早晨托鉢到十方國土乞食，乞食回來在極樂世界再吃飯，完全是意念。萬法由心生，一作意就到。這個神通我們都有，爲什麼？大家現在坐在這裡想，我想上海就到上海了、再一想到了深圳就到了深圳，我在美國住過，我再一想，一念間到了紐約。這神通妙用我們都有，就是帶不動肉體，要修得才能起作用。

身體不是「我」

我最近在五臺山，想得生起作用，身體是不是「我的」？能不能聽你指揮？確實是不聽指揮，身體不是「我」，是「我的」。「我的」不是「我」，這一定要分清楚。

去年有一晚，到時間了想起來念經，起不來了，胳臂也擡不起來，我知道也不是死，也不是半身不遂，而是整個身體，但是這樣不死不活，就帶來災害了。九十四歲了，要是死了沒有關係，要是不死？就半身不遂了，或變成植物人。我想起來解手，起不來，動不了，沒辦法。我知道要完蛋了，就以全身的氣力拼命的動，大約掙扎了二小時，我才起來。這事我的弟子不知道，還是照常念經活動，到了晚上，我就怕來第二次，後來疲累了，我坐著睡不敢倒下，那就好了。假使我那時候隨它去，就半身不遂或變成植物人，腦袋還是很清楚，但是身體不能動。我就知道了，身體是我們能掌握的一部份，但不能全部掌握。

最近，我走路也有點不行了，沒辦法拿拐棍走一走。後來我警惕自己，不能用拐棍，一拄就離不開了。我最反對用拐棍，也反對摔跟頭。因爲我現在九十六歲了，沒摔過跟頭，於是我就把拐棍丢了，鍛鍊了一段時間。在五臺山，從我住的地方去法堂講課，沒事了。

學以致用

我說這個是希望大家學以致用。學那麼多佛經，這個身體到底誰是主人？既然你自己是主人，它得聽你指揮，一定要指揮它，衝破一關就自在一關，死是一定死的、衝不過的；沒到死，得聽你指揮。死的時候，你指揮不動，那叫業。現在你能做主的時候要做主。

給道友說這麼多，目的是希望我們同學別光學，還要加上行，把你學的道理用到你的行上。你能行了，證明你的心能做得主，用你的心來指揮身，你千萬不要用你的身體來指揮你的心，這個道理，你一定要掌握到。要用你的心指揮你的肉體，用你的智慧來指揮你的妄心，不要讓他胡思亂想。當你念頭不對，趕緊止住，沒有錯誤念頭不可能的。當你沒證到初地，你指揮不了。證得初果的小乘，也辦不到。大家讀過《楞嚴經》就知道，乃至於佛講法當中證得三果，這個不行的。你從凡夫地，心能做主，要達到這個境界你得修。修的意思，就是行。修的意思很簡單，修理修理，你的身心本來可以的，但是它不聽你指揮，那就修理修理它；別愛惜它、姑息它，要修理修理它。

人困難的時候　更需要修理

人在不如意、困難的時候，更需要修理。你在幹什麼？就是學這個。我不是瞎說的。當我住三十三年監獄的時候，就這樣修理。當中也有生煩惱的時候，何時了期？沒有出去的一天，沒有希望，心裡就發煩了。這一發煩，胡思亂想了，還好我覺悟的早一點。等你覺悟了，遇到任何情況，用用阿Q精神，人生就是這樣，我是該被人打的，我就該被人關的，關了也一樣，解放軍還給我保護起來了。誰敢欺負你！當你這樣一想，愉快！但你心裡別幫肉體的忙，身體照常的健康；假使你心裡一幫忙，完了肉體馬上就不行了。

我們學法修道，會遇到很多魔難，任何人都有。有的是外魔，我在五臺山講《楞嚴經》，色受想行識每一蘊十種蘊魔。魔不是外面的，色受想行識，叫五蘊魔，這五十種魔，每天我們現行當中，差不多都會經過。可以拿《楞嚴經》去對照，色魔有外面境界相，受想行識是自己心裡的。受就是接觸的意思，你接觸、感受到了，感受有快樂的、有煩惱的。打你，感受就不好了，人家批評你，這個受你也受不了。

每一蘊有十種魔，這五十種魔每天都隨著你，你怎麼樣對待它？如果學佛學經，認得它了，就有防備的方法。他一現前，魔來了！魔來了，我一定消滅你。你口裡這麼說，心裡這麼想，如果你不隨這轉，那個魔就會消掉很多。

妙湛老和尚的啓示

以前沒有方丈寮，妙老在當家師的房間住，妙老就把《楞嚴經》「失於本心，爲物所轉；若能轉物，則同如來。」這句話寫在牆上！我跟他開玩笑說：「你寫在牆上不行。」他說：「我寫到自己的對面，還不行？」我說：「你要寫到心上才行！」他說：「我心裡已經有了。」我說：「有了，還寫到外頭幹什麼？」他說：「給你看的！」他是叫我來學的。

因此我勸我們諸位同學，把你所學的用一用，別不用。說修行，好像不大有什麼，要用一用。學來幹什麼？學以致用。在家人學泥工、學木工爲了掙錢吃飯，吃飯養身體活命，不吃能活著嗎？我們出家人也如是，我們養什麼？養法身慧命。光聽聽經、光學你也不吃，你不吃你的生命怎麼保護啊？你的慧命就不存在。

學經　養我們的法身慧命

學經的時候要去做，這就是養我們的法身慧命。法身慧命永遠不死，究竟圓滿、成佛了。十地菩薩，從初地到十地，這個我們達不到。信滿登初住，信心一萬大劫，我們恐怕都有五六千萬年，能剃髮出家，能夠放下，不是沒信心的，信完全成熟了，能夠達到覺知前念起惡、止其後念不起，信心滿足。我們現在就知道有好多惡，一出家就給止住了，社會上的惡都斷了。若再加上一倍的力量，力量大了，你的法身慧命成長的更快。

修行　不要只想到打坐、閉關、禪七

說修行，不要只想到打坐、閉關、禪七，不是這樣的。最好每天給自己定個定課，哪怕只是念一千聲阿彌陀佛，幾分鐘就念完了。你天天不斷，要定時定量，到需要的時候就生起作用。就像我們一天存十塊錢，十天一百、一百天就一萬了，存一千天就有多少了？到你急需的時候，這筆錢就管用了。現在你念一百聲佛、十天一千聲、一百天就一萬聲、一年三萬六千聲，等到你死時，還有好幾十年，你都用得上了。到時候把它取出來，什麼困難都解決了。每天念幾千聲，存到極樂世界，你想生極樂世界的時候，要買票，那個票就是靠你的心。你的心比飛機還快，一念間十萬億佛土就到了。

因此我叫我們同學修，修的時候比學習的智慧更大、更牢固，也動不了，小鬼也取不去，閻王爺沒辦法，諸天魔王都沒辦法。修的時候，你才能得，行而能得就是證，我們現在還是在學的階段，在學裡加著行，學行並進，一定能成。

閩南佛學院　學佛問答

安住當下

【問】：如何做到安住當下？

【答】：如果妳現在是比丘尼，就安住妳本身的地位，這叫當下。同時妳是比丘尼，一定得遵守比丘尼的規矩，有的比丘尼不遵守規矩。現在這幾年我不知道了，以前有這種情形，那就不是安住當下。妳現在是比丘尼，第一個妳得認識妳的身份。如果妳在紫竹林佛學院，妳安心的學習，這叫安住當下。同時身在學院學習，心裡想著小廟的事、想到社會上，那叫不安住。懂得這個意思？這是就現相來說，安住當下是禪宗的偈子，妳是聽來的，不是參出來的。安住當下！妳是什麼身份，安住妳的身份。當下是學生，安住學生的身份；當下是教師，安住教師的身份。不要忘了自己，經常摸摸腦殼，自己是剃髮的比丘尼，應當尊重妳自己所受的。

【問】：佛法大海，唯信能入？

【答】：佛所教授的法，信才能入。你現在是出家師父，出家落髮有信心沒有？如何培養生起的？這得眞正信心，這個信不是泛泛的信，不是欣樂心，要有解行。信跟解一定要聯繫。當你出家受戒的時候，就開始覺悟，覺就是悟。信，你不懂得，但當你出了家，三壇大戒一受，你該明白了，這就叫信解。你在信解當中不紮根，總是生起妄想，不信。我說這話，很多道友不大同意。我落髮修行了，出家一二十年，信心還不夠？沒得信心，這說不過去。但是佛有教義的，你信心具足，能夠覺知前念起惡、止其後念不起，這才有信心。這個每位道友都能明白，當思想不對頭，第一念不對頭，不生第二念，馬上就斷除。這就叫有信心的菩薩。你把你的心安住在信上，能安住，這就入了初住。這樣增強自己信心，把欣樂心住在三寶上。

住的意思是叫你念念不離開佛法僧三寶。我們每位道友都懂得，我們吃飯、進廁所大小解，你的一舉一動能夠按《華嚴經》的〈淨行品〉，一舉一動都想念三寶、念念不離三寶，不但信心成就了，你想求生西方極樂世界絕對能生。你想成佛，你出了家就成了佛，乃至於你信佛、受了三歸就是成佛的基礎。

你們提出這個問題，我想起在南普陀寺的時候，廈大一位七八十歲的老師到我們這兒，看見我們寫的標語「若人散亂心，入於塔廟中，單合掌小低頭，皆已成佛道。」他看這句話就問我們同學說：「你們寫錯了，把這不實在的話寫上做什麼？」同學說：「不錯，這是《法華經》上的話。」他說：「經上說的也錯了。」他跟同學辯論怎麼錯的？他說：「我每天來南普陀，不是單合掌，我是雙合掌。我也不是小低頭，我是跪在殿前到大殿。我是雙合掌，眞心眞意磕頭，我磕了兩年多了，門還沒入，怎麼成佛？」

同學就沒法答覆，就找到我。我說：「你解釋錯了！」《法華經》

說，過去諸佛就是因爲他進了塔廟中，單合掌、小低頭，善根種下了。他在此基礎上成的佛，《法華經》是這樣解釋的。我們諸位可不止單合掌、小低頭，因此我說諸位是佛，就是在這個基礎上說的。但是什麼時候成？如果精進修行，你成佛快一點，快的一個劫、兩個劫、十個劫，如果懈懈怠怠，那你拖的時間會很長，但是決定能成佛。

斷除我執

【問】：如何在生活中斷除我執？

【答】：你在這裡幹什麼？你住到佛學院裡頭，天天學什麼？你上殿、過堂、念咒、行住坐臥，都教你斷我執。但是什麼時候才能斷除？斷我執就是無我，由於有我才執著，我執反過來就是執我，念念都從我起，乃至於自己的身體。「我的」眼睛、「我的」耳朵、「我的」鼻子、「我的」嘴巴，全是「我的」。「我」在哪裡？把「我的」都除掉，「我」

呢？你參過沒有？參一下可以斷除我執，是證果斷惑業，這不是一天兩天的功夫，你得長時鍛煉。

在任何事情，不要把「我」擺進去。我們做任何事，第一個先把自己擺進去，我要怎麼做、怎麼做。你試驗一下，你把「我」、「我所做的」、「我所行的」分開，你的執著漸漸地就輕了。但是你必須得修觀。觀的意思，就是長時間地想，這個觀就是想任何事，千萬不要把「我」擺進去，「無我」，這是鍛煉的方法。

我們學的是圓滿無礙，這是《華嚴經》的境界，是《大乘妙法蓮華經》的境界，是大乘佛法；但你行起來解要圓，行要方，行得一步一步走，理解是圓的，做起來是方的。從穿衣吃飯、屙屎撒尿，你在這上面都把我執斷了，你漸漸在一切事物上把我踢開，一切法無我，你觀哪樣有我？觀你的說話、你的生活、你的思想都是「我的」，究竟「我」在那裡呢？如果你眞正懂得就開悟了。

無我了，一切法你不執著。無我了，你執著什麼？達到無我、無人，我們有句俗話說：「無我無人觀自在，非空非色見如來。」我也沒有了，人也沒有了，這不是自在了？這就是觀自在菩薩，不是空，不是色，非空非色見如來。

心量打開得鍛煉

【問】：如何培養把自己的心量打開？

【答】：這不需要怎麼培養，天天都在打開。你入了佛學院、天天在講課，不是把你的心量打開？你當了出家人，起碼六個字，「看破、放下、自在」，先放下，你放不下怎麼會出家呢？出了家你放不下，那就再放下。怎麼才能放下呢？看破這個身體無常。

我在南普陀時七十多歲，現在九十多歲。那時我看我們同學二十多歲很年輕，現在都變成半老頭子，這是讓你認識無常，不但老、還會消滅。現在妙老到常寂光去了，妙老還在嗎？這是無常的。我在哪裡？哪裡都是我！哪裡都不是我！那裡都不是我，這就把自己心量打開了，這得鍛煉。

止觀雙運

【問】：止觀的動靜，如何操作？

【答】：止就是靜，靜就是定，觀就是思惟修，止觀雙運就是行動。如何操作？你現在幹什麼？住到佛學院裡頭，從苦集滅道學起，你學的不是操作嗎？聽課幹什麼？操作！聞法、靜坐、思惟，你不離開這個。吃飯、過堂，以前妙老在的時候，不許有聲響的。吃快的、吃的稀哩呼嚕的，筷子弄得很響，這是不允許的。吃飯也練定、練慧，睡覺也練定、練慧。知道吧？睡覺的時候，當倒在床上，佛就教授我們「身得安隱，心無亂動」。你的身體不要動，心也不要亂想，安安心心，右脇而臥，這叫定。你若依佛的教導，從睡覺穿衣屙屎撒尿，一切都在裡頭，若不按佛的教導，你在修禪七時，心胡思亂想也不在定，儘量把你的心安住在定中。

【問】：面對完全沒有信仰的人，如何讓他信仰佛法？

【答】：你沒有這個本事。

人家找你，有緣千里來相會，無緣對面不相逢。你見到一個人，你說：「來，我教你怎麼信佛。」先想想你自己是怎麼信仰的？把你淺顯的跟別人說就行了，深的別人不理解。你怎麼信的，怎麼進入佛門的，把自己的經驗啓發別人，那就很好。但是得有緣。有緣，你怎麼說都信，無緣不行，佛門廣大無緣難度。你不是見一個人，就對他說：「你信佛吧！」你沒有這個本事。在這個問題上，不要生起自己的知見。

理論與實踐合一

【問】：作爲佛學院的學生，理論與實踐如何才能結合到一起？

【答】：你學理要付諸實行，不用實行很多，就我前面說的，吃飯穿衣，乃至睡眠，都納入佛法當中，按佛的教導去想去做。佛是覺悟明白的人，明白人所教導我們的，也讓我們覺悟明白，乃至你的生活行動都照著佛所說的去作。你讀《大方廣佛華嚴經》的〈淨行品〉，從睡眠醒來之後，這一天所做的每一樣事情，依文殊菩薩教授的，你就入了華嚴性海，這是從慧門入手。也就是說從我們吃飯、穿衣、進廁所，就能入華嚴性海，並不是你到禪堂參禪上課才入華嚴性海。就在你日常生活當中，念念不忘文殊師利菩薩教導，念念都尊重他的行法。上廁所：「大小便時，當願眾生，棄貪瞋癡，蠲除罪法。」你做了嗎？早晨你一睜開眼，「睡眠始寤，當願眾生，一切智覺，周顧十方。」

時時念念，一舉一動，文殊師利菩薩都教導我們起觀發願，這叫實踐。當你最初用功時沒有什麼感覺，但是你用上一年，你就知道。到任何地方都想起文殊菩薩的智慧，這樣你會開智慧的。

現在我們這些道友起碼都是中學、大學程度，比我高很多。我小學還沒畢業，入了佛門也只是讀幾年佛學院。自己思想要進入，你的行為，當然照佛的教導去行為，心是指揮你的行為，先把心裡治好，行為才好。□

裡不亂說話，口業就清淨了。意，不胡思亂想，這個最難。意啊！念念不離三寶，這個非常難。

大家試試看。若按照文殊師利菩薩〈淨行品〉裡的教導，你從一舉一動開始訓練，睡覺的時候，你就這樣念「以時寢息，當願眾生，身得安隱（穩），心無動亂。」一醒過來，「睡眠始寤，當願眾生，一切智覺，周顧十方。」能夠做到這樣，智慧自然就開了。

有些問題沒經過學就能懂，這就是開智慧。我們之所以經過學習還是不懂，往往是把指頭當成月亮，說：「月亮在那裡？」讓你看月亮，不是看指頭。我們許多人往往把指頭當成月亮，這聽起來好笑。哪有人把指頭當月亮，但事實就是這樣。經典是給你啓示方法，讓你去做的，你不去做，不等於零嗎？

【問】：請您開示灌頂修大圓滿五加行，應注意哪些問題？

【答】：我跟你說，你沒有這個資格。

老老實實的、一步一步的認識苦，想辦法斷苦，知道苦了，要修行放下。要想得到究竟，要得寂滅力。

大家問的這個問題，是西藏的教義。我在西藏住了十年，簡單說，西藏的密宗夾雜很多印度的神教，西藏都信佛信法信僧？我看見是信護法神，西藏完全是護法神。信不信由你，我只告訴你這個。

生勇猛出離心

【問】：如何在安逸環境下生勇猛出離心？

【答】：在安逸的時候，要想到不安逸的時候。

安逸的時候有很多不安逸，身體是安逸了，你的心更不安逸。心若要安逸，你得斷惑，否則心裡怎麼會能得到安逸？一天當中躁動的不得了，妄想多得很，你會安逸？我當了八十年和尚，心裡從來沒有安逸過，除非在這坐著，不是入定！是睡著了，還在做夢，夢裡也不安逸。

要想安逸，就六個字：「看破、放下、自在」，任何時候都放下，包括修行、念佛、參禪，都放下，一念不生，這才叫眞正放下；看破了，才能眞正放下、自在。不去爭名不去爭利，爭名爭利是在家人的事，我們出家人爭名爭利嗎？考試時互相爭啊！這都是存在的。當然我們佛學院也考試測驗，這只是學習上的。修行上的？誰來給你鑒定？哪個老師來問過你，生死了的如何？沒有人問吧？說你煩惱斷了好多？苦集滅道你懂得嗎？苦是集來的，因爲你自己感召，感召來你不受苦嗎？你能斷嗎？斷了就不感召、少造業，這個業包括善惡都在。有業，業是動作義，動作是不能定。古德說，「不思善！不思惡！」如何是大德本來面目？善也不想、惡也不想，這個時候你認識自己的本來面目。

【問】：老法師，能否說說您到西藏學法的故事？

【答】：到西藏學法，住三大寺，第一個先學二十年顯宗，一年一班。從開頭學起，西藏沒有老師給你講的。不是像我們這裡老師給你講，而是一開始就學辯論。我提個問題，你答覆，你的答覆，我認爲不對，我再給你駁回去，你再來答覆。每天上課時，這一班二十個人，今天我坐正位，大家向我開攻，很多問題我一個一個答覆。明天輪到你來坐，這樣辯論二十年，一年一班，升到最後班。到了任何問題難不住了，你能戰勝一切，考上格西。二十年畢業了，還得到色拉寺，至於義學沙門是自己學的，可以進辯論場。

辯論，我只舉個例子，大家想一想。「釋迦牟尼佛是人不是人？」釋迦牟尼佛當然是人修成的，沒問題，釋迦牟尼佛是人。是不是佛？是佛，那就錯了。因爲又是人又是佛，十法界只能佔一樣，是佛就不是人，是人就不是佛？你答是人不是佛，錯了。如何答得最正確的？這叫辯論。立個宗旨，跟你辯論，說不對，你的答覆完全錯誤，必須答覆正確。

西藏不是老師坐著給你講、你坐著聽。從當小孩，就這樣提問題，在辯論場裡辯論，今天我在這立個宗旨，「人就是人，不是佛。」但是這辯論就多了，壞人好人、老人、男人女人，西藏人、中國人，人可就多得很，歸終結底還是人。

他又提個問題，「西藏人是人，西藏人以外都不是人。」我說不對，我就跟你辯。凡是人，西藏人是人、西康人也是人、四川人也是人，都是人。你得有條件的。你說，他不是人，得說爲什麼他不是人？每個問題，他都得提出答覆。

師父們在他個人寮房裡爲了解決問題，晝夜的研究，明天好到辯論場辯論。有時一個問題辯論一個月，最後解決不了，找學習的上師院長堪布來解決，堪布也解決不了，那就問「甘丹赤（犀）巴」，在西藏陞到「甘丹赤（犀）巴」就是聖人。這就是西藏學法的故事。

在家居士學佛　先恭敬三寶

【問】：能否給在家學佛者一些建議？

【答】：我只有一個建議，要恭敬三寶。

現在我們在家人，特別是居士，對我不錯，是老法師，恭敬。但對我們學生，他另有看法，把老法師跟學生分開，這絕對錯了。居士一定要恭敬三寶，哪管是剛出家的，你把他當成佛看，這是你的本分，你才能夠得到利益。

【問】：做爲一個僧人，想弘法利生，但是無修無證又被煩惱所捆縛！

【答】：雖然無修無證，但是你勸說的時候，就有修有證了。你勸他念阿彌陀佛，阿彌陀佛是有修有證。你勸他念觀世音菩薩，你是介紹人，介紹人不用你證得。像社會上的介紹所，他只是介紹，你介紹阿彌陀佛在西方極樂世界，你念阿彌陀佛不就成就了，很簡單。他不信，你就算了，不可能讓人家都信你，你還沒有到達那個程度。

如何控制習氣

【問】：如何控制習氣？

【答】：習氣來了，你控制不住。還俗嗎？控制不住要練習控制。阿羅漢習氣也很重，多少生以來，生在富貴家庭，習氣非常重。成了阿羅漢，斷了見思惑，習氣還沒斷。這個問題很重要。見惑、思惑斷了，才能斷習氣；那是大菩薩斷的，阿羅漢沒斷習氣。

佛陀時代，有位阿羅漢沒斷習氣。他過河時，叫河神給他斷流：「小婢斷流！」河神很生氣，但是他是阿羅漢，尊敬他就給他斷了。河神就到佛那去告他的狀說：「世尊，你的弟子他太不尊敬我了，過河要我給他斷流，他稱我小婢。」佛說：「我要他跟妳求懺悔，把那位阿羅漢叫來了。」他就對河神說：「小婢莫瞋！」他在佛的面前求懺悔，還是叫他小婢，河神就更生氣了。

佛就對河神講，他是無量劫的習氣，無量劫來生在富貴家庭大富長者，經常就對人說小婢、小婢。

【問】：如何才能恆順眾生？

【答】：普賢十大願的第九大願「恆順眾生」，你到了普賢菩薩的地位才能夠恆順眾生，這個問題非常的深。我們總是聽人家的、總對人家客客氣氣、尊重別人，漸漸的就能達到「恆順眾生」。

「恆順眾生」不是一句話，假使說我發願要恆順眾生，今天早晨發願下午就有人來找你，相信不？

發心容易，行起來可就難了。那麼菩提心也得發，因爲發心不容易。你要行大菩薩道，想做一件事情障礙多得很，如何對治障礙？發菩薩心。例如說發心建廟乃至發心度眾生，讀了佛學院將來可以做教師。想當教師，你試試看，光這個願力就有很多障礙。

我們這位道友問「恆順眾生」，舍利弗成了阿羅漢果後，恆順不了眾生，道力不夠，懂得這個嗎？第一個：放下，非常難。你的問題是放不下。身心剛一放下，就有人罵你或傷害你，你馬上就放不下了。當我們一動念想做一個事，你試試看，障礙馬上就來了，不是沒障礙的。

結語：自己生死自己了

時間快到了，最後跟大家講一下眞歇了禪師的故事，我在鼓山學經時，這首詩讓我非常感動，眞歇了禪師曾經是那裡的方丈。

「講道論懷實可傷」，做法師的最傷心的事，給人家講經說法，這是傷心的事。爲什麼？現在講不動，病了、要死了。「終朝身臥涅槃堂」，到那涅槃堂就在那裡等死。「門無過客窗無紙」，門上連個窗紙都沒有。以前當法師的時候，人來人往的很多，現在一個也沒有，門無過客。「爐有寒灰席有霜」，房裡有個火爐沒燒火，只是冷灰，又因爲窗戶上沒紙，風把霜吹進來了，不但沒客人就連臥床上的霜都沒人打掃。「病後始知身是苦」，有病的時候才知道身體是苦難的。好的時候幹什麼呢？「健時都爲他人忙」，法師講經忙的不得了，到自己病苦來了，生死沒了，到這時才開悟明白。眞歇了禪師就是在這裡開悟的，「老僧自有安心法，八苦交煎總不妨。」

眞歇了禪師在雁蕩山能仁寺圓寂，我到了雁蕩山一聽說眞歇了禪師，看看歷史，知道他是這樣開悟的。我很感動，就跟宏覺法師、了法法師，發心重建能仁寺。

法師們都有同樣的過程，人人都一樣，自己生病時、死亡時，你做得了主嗎？趁做得主時，好好加倍用功。一定要自己掌握、自己能做主，自己生死自己了，別把這個事看得很沉重。爲什麼？你能做得到、人人都能做得到，一切衆生都能做得到。要是做不到，佛不會說的，就看你肯做不肯做、發心不發心。

國家圖書館出版品預行編目資料

觀照 / 夢參老和尚主講 ; 方廣文化編輯部編輯.
— 初版. — 臺北市 : 方廣文化, 2017.11
面 ; 公分. — (夢參老和尚開示錄 ; 第5集)
ISBN 978-986-7078-85-8(精裝)
1.佛教說法 2.佛教修持
225 106006728

觀 照

主　　講：夢參老和尚
編輯整理：方廣文化編輯部
出　　版：方廣文化事業有限公司
通訊地址：10699台北市大安區青田郵局第120號信箱
電　　話：02-23920003
傳　　真：02-23919603
劃撥帳號：17623463 方廣文化事業有限公司
網　　址：*http://www.fangoan.com.tw*
電子信箱：*fangoan@ms37.hinet.net*
裝　　訂：精益裝訂股份有限公司
出版日期：2024年4月 初版5刷(修訂版)
定　　價：新台幣200元(軟精裝)
經 銷 商：聯合發行股份有限公司
電　　話：02-29178022
傳　　真：02-29156275
行政院新聞局出版登記證：局版臺業字第六〇九〇號
ISBN：978-986-7078-85-8

No.Q908 *Printed in Taiwan*

方廣文化出版品目錄〈一〉

夢參老和尚系列
書 籍

● 八十華嚴講述

HP01 大乘起信論淺述 (八十華嚴 導讀一)
H208 淺說華嚴大意 (八十華嚴 導讀二)
H209 世主妙嚴品 (第1至3冊)
H210 如來現相品・普賢三昧品 (第4冊)
H211 世界成就品・華藏世界品・毘盧遮那品 (第5冊)
H212 如來名號品・四聖諦品・光明覺品 (第6冊)
H213 菩薩問明品 (第7冊)
H214 淨行品 (第8冊)
H215 賢首品 (第9冊)
H301 升須彌山頂品・須彌頂上偈讚品・十住品 (第10冊)
H302 梵行品・初發心功德品・明法品 (第11冊)
H401 升夜摩天宮品・夜摩宮中偈讚品・十行品・十無盡藏品 (第12冊)
(H501～H903 陸續出版中......)

● 華 嚴

H203 華嚴經淨行品講述
H324 華嚴經梵行品新講 (增訂版)
H205 華嚴經普賢行願品講述
H206 華嚴經疏論導讀
H255 華嚴經普賢行願品大意

● 天 台

T305A 妙法蓮華經導讀

● 楞 嚴

LY01 淺說五十種禪定陰魔—《楞嚴經》五十陰魔章
L345 楞嚴經淺釋 (全套三冊)

夢參老和尚系列
書籍

方廣文化出版品目錄〈二〉

● 地藏三經

地藏經

D506　地藏菩薩本願經講述 (全套三冊)
D516A　淺說地藏經大意

占察經

D509A　占察善惡業報經講記(附HIPS材質占察輪及修行手冊)
D512A　占察善惡業報經新講

大乘大集地藏十輪經 D507 (全套六冊)

D507-1　地藏菩薩的止觀法門 (序品 第一冊)
D507-2　地藏菩薩的觀呼吸法門 (十輪品 第二冊)
D507-3　地藏菩薩的戒律法門 (無依行品 第三冊)
D507-4　地藏菩薩的解脫法門 (有依行品 第四冊)
D507-5　地藏菩薩的懺悔法門 (懺悔品 善業道品 第五冊)
D507-6　地藏菩薩的念佛法門 (福田相品 獲益囑累品 第六冊)

● 般 若

B411　般若波羅蜜多心經講述 (合輯本)
B406　金剛經
B409　淺說金剛經大意
B412　應無所住：金剛經十四堂課

● 開 示 錄

S902　修行 (第一集)
Q905　向佛陀學習 (第二集)
Q906　禪・簡單啟示 (第三集)
Q907　正念 (第四集)
Q908　觀照 (第五集)

方廣文化出版品目錄〈三〉

地藏系列

D503 地藏三經（經文版）
（地藏菩薩本願經、大乘大集地藏十輪經、占察善惡業報經）

D511 占察善惡業報經行法（占察拜懺本）（中摺本）

華嚴系列

H201 華嚴十地經論
H202 十住毘婆沙論
H207 大方廣佛華嚴經（八十華嚴）（全套八冊）

般若系列

B402 小品般若經
B403A 大乘理趣六波羅蜜多經
B404A 能斷金剛經了義疏（附心經頌釋）
B408 摩訶般若波羅蜜經（中品般若）（全套三冊）

天台系列

T302 摩訶止觀
T303 無量義經（中摺本）
T304 觀普賢菩薩行法經（中摺本）

部派論典系列

S901A 阿毘達磨法蘊足論
Q704 阿毗達磨俱舍論（全套二冊）
S903 法句經（古譯本）（中摺本）

瑜伽唯識系列

U801 瑜伽師地論（全套四冊）
U802A 大乘阿毗達磨集論
B803 成唯識論
B804A 大乘百法明門論解疏
B805 攝大乘論暨隨錄

憨山大師系列

HA01 楞嚴經通議（全套二冊）

方廣文化出版品目錄〈四〉

密宗系列

M001　菩提道次第略論釋 (全套四冊)
M002　勝集密教王五次第論
M003　入中論釋
M004　大乘寶要義論(諸經要集)
M006　菩提道次第略論
M007　寂天菩薩全集
M008　菩提道次第廣論
M010　菩提道次第修法筆記
M011　白度母修法(延壽法門修法講解)
M012 A　中陰–死亡時刻的解脫
M018　菩提道次第廣論集註 (卷一～卷十三)
M019　佛教的本質–《佛教哲學與大手印導引》
M020　業的力量–(與死亡的恐懼共處)

能海上師系列

N601 般若波羅蜜多教授現證莊嚴論名句頌解
N602 菩提道次第論科頌講記
N606 能海上師傳
N607 現證莊嚴論清涼記
N608 菩提道次第心論

論頌系列

L101 四部論頌(釋量論頌 現證莊嚴論頌 入中論頌 俱舍論頌)
L102 中觀論頌 (中摺本)
L103 入菩薩行論頌 (中摺本)
L104A 彌勒菩薩五部論頌
L105A 龍樹菩薩論頌集
L106 中觀論頌釋
R001 入中論頌 (小摺本)

方廣文化出版品目錄〈五〉

南傳佛教系列

SE05 七種覺悟的因素
SE06 南傳大念處經 (中摺本)
SE07 三十七道品導引手冊 (阿羅漢的足跡增訂版)
SE08 內觀基礎 《從身體中了悟解脫的真相》
SE09 緬甸禪坐 《究竟的止觀之道》(增訂版)

其他系列

Q701 單老居士文集
Q702 肇論講義
Q703B 影 塵-倓虛老法師回憶錄
Q705 佛學小辭典 (隨身版)
ZA01 參 禪《虛雲老和尚禪七開示》
ZA02 禪淨雙修《虛雲老和尚開示錄》
Z005《禪宗公案》-李潤生著

夢　參　老　和　尚

再現地藏風采 開啟無盡誓願

地藏菩薩本願經《卷上 卷中 卷下》

《地藏經》是地藏菩薩法門的核心經典，夢參老和尚此次講述的特色，是著重在《地藏經》每一品、每一段的經文中，盡可能開示地藏菩薩的無盡誓願、地藏法門的重重奧義，並列舉古往今來的歷史經驗、發人深省的典故，乃至於夢參老和尚的個人修行體悟，加以說明，務期大眾掌握地藏菩薩法門的精髓，以及具體可行的修持要訣。

NO. D506 地藏菩薩本願經講述
25K 平裝(三本) NT:660

《華嚴經淨行品》為八十華嚴的第十一品，夢參老和尚講述《華嚴三品》是以〈淨行品〉為首，主要是增長我們修行的信德，用事顯理，彰顯信位菩薩「善用其心」的無礙智慧。

編號：H203
25K NT：280

為方便瞭解華嚴義海，夢參老和尚介紹了《華嚴經疏論纂要》第一卷的玄談導引。

在講解過程中，特別釐清了清涼國師與李通玄長者的異同，並將古奧的華嚴疏論，化為深入淺出的語言。

編號：H206A
25K NT：320

《華嚴經梵行品》是八十華嚴的第十六品，這一品表現出佛教義理當中純粹的思惟與辯證的理性，尤其是在面對出家人的清淨戒行上，這一品的經文更是逐一辯難，讓修行人可以銷除疑惑，證得空性。

編號：H324（增訂版）
25K NT：220

編號：H208
小16K NT：399

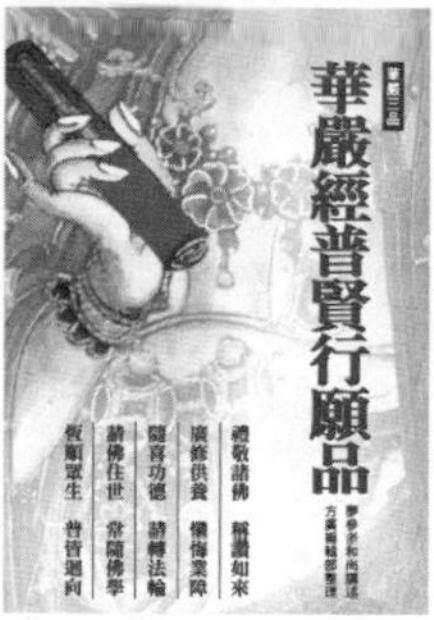

〈普賢行願品〉是《華嚴經》的最後一品，也是華嚴事事無礙的具體法門。

夢參老和尚以修持〈普賢行願品〉半世紀的經驗，提出修學《華嚴經》的要訣。

編號：H205
25K NT：300

2004年早春，夢參老和尚以九十歲高齡，在五台山講述《大方廣佛華嚴經》，完整開演華嚴甚深奧義。

為學習全套【八十華嚴】奠定基礎，隨書附贈一片紀念版DVD光碟，讓無緣親臨華嚴法會者，能如親臨現場參與請法儀式，聽聞老和尚演說華嚴大意。

淺說五十種禪定陰魔
《楞嚴經》五十陰魔章
夢參老和尚 講
開悟的楞嚴 初入佛門者不可或缺的導引
學習佛法應克服障礙，本書列舉了五十種修道上的危機，是初入佛門者不可或缺的導引。
淡極始知華更豔的說法境界
公元二〇〇八年三月，夢參老和尚在台弘法進入尾聲之際，因夢境之敦促，生起了開講《楞嚴經》的心願；
面對深 皴染的 句，老和尚此次開演楞嚴大意，以疏淡的方式凸顯《楞嚴經》的典雅莊嚴，
希冀大家能在楞嚴大法中，信仰妙明真體，銷除億劫顛倒想。
淺說五十種禪定陰魔 《楞嚴經》五十陰魔章
夢參老和尚主講
方廣文化出版 25K平裝 定價新台幣320元 ISBN：978-986-7078-30-8
廣